朱 军　王春山◎编著

场馆、史迹与红岩精神

重庆出版集团 重庆出版社

图书在版编目(CIP)数据

场馆、史迹与红岩精神 / 朱军, 王春山编著. —重庆: 重庆出版社, 2023.12
ISBN 978-7-229-17654-9

Ⅰ.①场… Ⅱ.①朱… ②王… Ⅲ.①革命纪念地—介绍—重庆 ②革命传统教育—研究—重庆 Ⅳ.①K928.727.19 ②D642

中国国家版本馆CIP数据核字(2023)第089990号

场馆、史迹与红岩精神
CHANGGUAN、SHIJI YU HONGYAN JINGSHEN
朱 军 王春山 编著

责任编辑:袁婷婷
责任校对:何建云
封面设计:张合涛
装帧设计:百虫文化

 重庆出版集团
重庆出版社 出版

重庆市南岸区南滨路162号1幢 邮编:400061 http://www.cqph.com
重庆天旭印务有限责任公司印刷
重庆出版集团图书发行有限公司发行
E-MAIL:fxchu@cqph.com 邮购电话:023-61520417
全国新华书店经销

开本:710mm×1000mm 1/16 印张:8 字数:66.3千
2023年12月第1版 2023年12月第1次印刷
ISBN 978-7-229-17654-9
定价: 35.00元

如有印装质量问题,请向本集团图书发行有限公司调换:023-61520417

作者简介

朱　军：重庆红岩革命历史文化中心党委书记、重庆红岩干部学院院长、文博研究馆员，国务院政府特殊津贴专家，首批重庆英才·名家名师，中国博协理事，中国中共党史学会理事，中国纪念馆专委会副主任。

王春山：重庆红岩革命历史文化中心副研究馆员，重庆市红岩精神研究会理事，重庆市研学旅行研究会理事、副秘书长、红色文化教程研发中心主任。

导 读

　　"红岩"是抗日战争时期和解放战争时期，中国共产党在国民党统治区的精神地标。这里有以周恩来为书记的中共中央南方局在重庆八年伟大实践留下的宝贵精神财富和物质遗存，有毛泽东"弥天大勇"重庆谈判伟大实践的历史见证物，有丰富的抗战遗址遗迹，也有被捕共产党人和革命志士在狱中百折不挠、坚贞不屈的历史承载物。可以说红岩遗址光辉厚重，红岩文物弥足珍贵，红岩精神彪炳史册。为进一步弘扬革命文化、传承红岩精神，更好地为广大游客服务，我们编写了这部以介绍旧址、遗迹、部分珍贵文物以及伟大红岩精神为主要内容的图文册，以方便广大游客更直观、全面地了解红岩历史、理解红岩精神。同时，我们还以附录的形式对红岩景区内其他遗址、遗迹做了介绍，以方便游客参观游览。

目　录

第一篇 红岩史迹与纪念场馆

红岩遗址主要分布在重庆市渝中区的红岩村、曾家岩、虎头岩"红色三岩"以及沙坪坝区的歌乐山。包含了中共中央南方局暨八路军（国民革命军第十八集团军）驻重庆办事处旧址、曾家岩50号（周公馆）、桂园（《双十协定》签订处）、《新华日报》总馆旧址、渣滓洞看守所旧址、白公馆看守所旧址、红岩革命纪念馆陈列馆、红岩魂陈列馆、中国民主党派历史陈列馆等文物遗址、旧址、纪念场馆50余处，其中有四批全国重点文物保护单位，一批国家级抗战纪念遗址设施，一处国家级烈士纪念设施，2个国家4A级旅游景区。

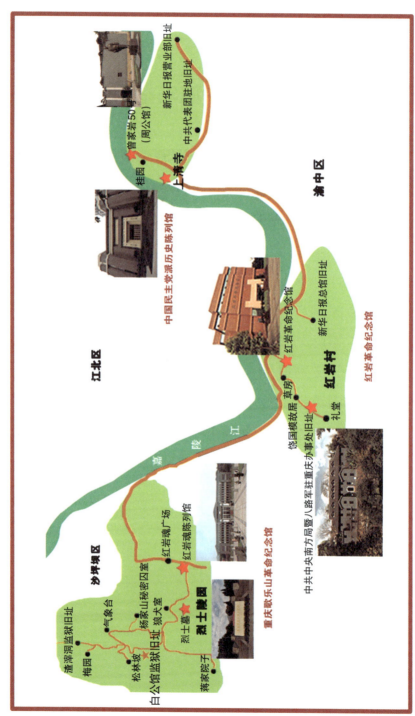

重庆歌乐山革命纪念馆、红岩革命纪念馆、中国民主党派历史陈列馆导览图

红岩村史迹、纪念场馆

红岩村位于重庆市渝中区与沙坪坝区接壤的嘉陵江畔，它是中共中央南方局暨八路军驻重庆办事处旧址所在地，是中国共产党在抗战大后方的重要历史遗迹。中共中央南方局1939年1月成立，在红岩村秘密驻扎近8年，领导了中国南方13个省市、港澳地区及海外的党组织及10余万党员，直至1946年5月迁至南京。1945年重庆谈判期间，毛泽东曾在红岩村居住41个夜晚。红岩村不仅是当时中国共产党在重庆的主要公开阵地，也犹如一盏光耀四方的明灯，把一大批革命志士凝聚到中国共产党的周围，并向全国、全世界传递着中国共产党的声音。红岩村遗址主要包括中共中央南方局暨八路军重庆办事处旧址、饶国模故居、南方局党训班旧址（草房）、八路军办事处礼堂旧址、八路军办事处招待所旧址、八路军办事处托儿所旧址、红岩公墓等25处革命遗址或革命历史陈列。毛泽东、周恩来、董必武、叶剑英、秦邦宪、凯丰、吴克坚、吴玉章、王若飞、邓颖超等老一辈无产阶级革命家曾先后在红岩村办公和住宿。

1958年5月1日，红岩革命纪念馆在红岩村原八路军驻重庆办事处旧址建成开放，次年董必武题写"红岩革命纪念馆"馆名。1961年，红岩革命纪念馆旧址群被国务院公布为第一批全国重点文物保护单位。2007年，在重庆市文化体制改革中，红岩革命纪念馆、歌乐山革命纪念馆合并成立了重庆红岩联线文化发展管理中心，并增挂重庆红岩革命历史博物馆牌子。2023年8月，重庆红岩联线文化发展管理中心更名为重庆红岩革命历史文化中心。

一、红岩革命纪念馆陈列馆

红岩革命纪念馆陈列馆位于重庆市渝中区化龙桥红岩村52号，1999年3月动工修建，占地1780平方米，建筑面积5300平方米，展厅面积4010平方米。纪念馆外墙体采用万余块优质红色花岗石干挂而成，整幢建筑由下向上倾斜，宛如一块倒卧的巨大红色岩石，象征和隐喻着以周恩来为代表的中国共产党人在这里培育的红岩精神坚如磐石，永放光芒。红岩革命纪念馆陈列馆主要陈列了"千秋红岩——中共中央南方局历史陈列"，该展览经自2014年到2018年的全面改版升级，2018年9月正式对外开放。

红岩革命纪念馆陈列馆

"千秋红岩——中共中央南方局历史陈列"通过600多张珍贵历史照片、300多件重要革命文物和10余幅大型历史油画等丰富翔实的展品，先进新颖的陈列手法和形式丰富的多媒体展示方式，全面展示了全民族抗战时期和解放战争初期，以周恩来为书记的中共中央南方局，在中共中央的正确领导下，高举抗日民主两大旗帜，坚定贯彻中共中央的路线、方针、政策，领导南方国民党统治区和部分沦陷区的中共党组织，在复杂险恶的政治环境下坚持艰苦卓绝的斗争，为民族独立和人民解放事业建立的不朽功勋，以及以周恩来为首的中共中央南方局及其领导下的共产党人在革命实践中孕育形成的伟大红岩精神。展览主要介绍了10个方面的内容。

共赴国难——抗日民族统一战线形成。九一八事变后，日本加快了侵略中国的步伐。在中国共产党的倡导和积极推动下，建立以国共两党合作为基础的抗日民族统一战线已成大势所趋。1937年9月，《中国共产党为公布国共合作宣言》和蒋介石庐山谈话的发表，标志着以国共两党合作为基础的抗日民族统一战线正式形成。此后，中国人民在抗日民族统一战线旗帜下，万众一心，同仇敌忾，经过浴血奋战，最终取得了抗日战争的胜利，奏响了一曲抗击日寇及世界反法西斯侵略战争的凯歌。

雾都明灯——中共中央南方局驻足红岩。随着抗战形势的转变，召开于1938年9月—11月的中共中央六届六中全会决定在国民党统治区设立中共中央南方局。1939年1月，南方局在重庆成立，南方局机关秘密设于城内机房街公开的八路军办事处内，后因日机轰炸，旋即移驻红岩。在中共中央领导下，以周恩来为首的中共中央南方局高举抗日民主两大旗帜，在国统区创造性地开展抗日民族统一战线工作、在险恶的政治环境下坚持了长期艰苦卓绝的斗争，坚持抗战维护合作，为抗日战争和解放战争的胜利建立了不朽功勋。

抗战号角——新华方面军。《新华日报》和《群众》周刊是抗日战争时期中国共产党在国民党统治区公开出版发行的唯一的大型党中央机关报和政治理论刊物。在南方局的具体领导下，《新华日报》和《群众》周刊为宣传中国共产党的抗日主张、传播先进思想文化、动员全民族抗战，发挥了重要作用。毛泽东曾高度评价说：我们不仅有一支八路军、新四军，还有一支"新华方面军"。它是抗战的号角、人民的喉舌，是中国共产党飘扬在国统区的一面旗帜。

坚持团结抗战，维护合作大局。面对国内形势的逆转，南方局坚定地贯彻中共中央"坚持抗战，反对投降；坚持团结，反对分裂；坚持进步，反对倒退"的方针，妥善处理国共关系，与国民党当局进行艰难的谈判；积极配合国民党军队对日作战，加强相互之间军事联络。在国民党顽固派掀起的反共浪潮中，以斗争求团结，积极维护和促进国共合作共同对敌的局面。

团结各界人士，发展壮大民主力量。在国民党统治区的特殊环境下，南方局创造性地贯彻执行中共中央抗日民族统一战线政策和策略，从多方面积极团结争取国民党左派、地方实力派、各中间党派、各界爱国民主人士以及国际上同情和支持抗战的力量。积极发展进步势力，争取中间势力，孤立和打击顽固势力，不断壮大民主力量，并在抗战胜利后迅速转变为人民民主统一战线，在国统区形成广泛的第二条战线，为解放战争的迅速胜利和新中国的政治格局奠定了坚实的基础。

荟萃文化群英，推动抗战进步文化运动。文化工作，既是发动武装抗战的前驱，也是支持武装抗战强有力的后盾。中共中央南方局擎起抗日民族统一战线大旗，团结带领广大进步文化人士，在以重庆、桂林、香港等城市为中心中国南方广大地区和文化的各个领域，推动各种民间抗战进步文化团体的成立，并派出党员进入地方实力派和国民党主持的各类文化团体，开展规模空前、波澜壮阔的抗战进步文化运动，极大地发展了革命的文化统一战线，开创了党在国民党统治区文化工作最成功、最辉煌的时期。

肩负特殊使命，开辟秘密战场。在风雨如磐的抗战岁月中，南方局在国民党统治区军事、情报、经济、通讯、交通等方面开展大量秘密工作，形成一个没有硝烟的战场和一条看不见的隐蔽战线。与此同时，南方局配合党中央领导新四军和华南等地游击队，紧密依靠群众，积极开展敌后抗日游击战争和配合盟军对日作战，为中国人民抗日战争和世界反法西斯战争的胜利作出了重要贡献。

扩大对外交往，争取国际广泛支持。南方局把开展国际交往，扩大国际统一战线作为特殊使命，以"宣传出去，争取过来"外事工作方针为指导，充分利用公开合法的各种渠道，争取国际社会支持。南方局外事组在周恩来领导下，对云集重庆的30多个反法西斯国家的大使馆、40余家外交代表机构、30多个中外文化协会、数十家外国通讯报刊机构以及频繁往来的各国使者、作家、记者展开了卓有成效的工作，获得广泛的同情和支持，为巩固国际反法西斯统一战线、促进中国的抗战与民主、让世界了解真实中国、中国共产党登上国际舞台发挥了重要作用。

争取和平民主，为新中国努力奋斗。经过14年浴血奋战，中国人民终于赢得百年来抵御外族入侵的第一次伟大胜利，一个和平民主的新时期即将到来。为争取实现战后和平，毛泽东亲赴重庆，与国民党当局谈判，最终签订《政府与中共代表会谈纪要》（亦称《双十协定》）。1946年初，旧政治协商会议在重庆召开，通过五项决议，和平民主曙光再现。随着国民政府还都南京，南方局和中共代表团随之东迁。以吴玉章为首的中共四川省委和中共代表团驻渝联络处留驻重庆，为争取和平民主，建立新中国而努力奋斗。

红岩精神，光耀千秋。以周恩来为代表的中共中央南方局在国民党统治区这个特殊环境中，历经艰辛，在伟大的革命实践中培育和形成了中国共产党人的又一伟大精神——红岩精神。红岩精神充分体现了老一辈无产阶级革命家、共产党人和革命志士的崇高思想境界、坚定理想信念、巨大人格力量和浩然革命正气，蕴含着刚柔相济的政治智慧，出淤泥而不染的政治品格，海纳百川的宽广胸怀，临难不苟的英雄气概。红岩精神同井冈山精神、长征精神、延安精神一样，都是中国共产党人和中华民族的宝贵精神财富。

二、大有农场牌坊

大有农场，即红岩村所在地，位于重庆市化龙桥附近，这里的地质结构地形酷似伸向嘉陵江边的山嘴，因此又叫"红岩嘴"。此处原是爱国知识妇女饶国模经营的一片花果农场，名为"大有农场"，经地下党同志联系，大有农场的主人慨然接纳八路军办事处和南方局入驻。1939年5月，中共中央南方局和八路军驻重庆办事处迁入红岩村的大有农场内办公。从此，红岩村这片红色的土地就成为革命的象征。大有农场牌坊最初是竹木搭建的，后改为砖砌。牌坊上"大有农场"四字是董必武1946年5月离渝前夕亲笔题写。

大有农场门匾

三、南方局党员训练班（草房）旧址

　　草房旧址原是饶国模大有农场员工栖身场所，原建于1939年，占地约40平方米，为土木结构，部分墙体青石砌筑，后损毁。1993年，红岩革命纪念馆按照原貌重建了草房，2005年对屋面进行维修，更换了部分木结构，添加谷草。1939年5月3日和4日，日本飞机肆虐重庆，城内市区一片火海，南方局和八路军驻

重庆办事处城内驻地均被炸毁。迫不得已，南方局负责人董必武偕夫人何莲芝等人来红岩躲避空袭，饶国模就安排董必武一家在此草房住，直至中共中央南方局暨八路军驻重庆办事处大楼落成。后来，中共中央南方局借用此草房举办党员训练班，周恩来、董必武、博古、凯丰等南方局负责人都曾在此为参加党员训练班的同志上过课，作过形势报告。当年，草房前的小平地，还是南方局和八路军驻重庆办事处同志们进行体育活动的场所。

南方局党员训练班（草房）旧址

四、黄桷树

在大有农场牌坊后面，一棵高大的黄桷树立在岔路口，到南方局和八路军办事处旧址的小路在黄桷树

革命路标——黄桷树

前一分为二，右边的一条向上通往办事处大楼，左边的一条向下通往抗战时期由国民党创办的国民参政会大楼，这棵黄桷树就成为外界人士寻访红岩的重要路标。

抗战期间，常有南方局所属各地方党组织负责人前来汇报请示工作，亦有不少社会各界人士到访八路军重庆办事处。办事处迁红岩初期，进步剧人陈波儿一行前往红岩却误入国民参政会大楼，幸有大有农场主人饶国模及时接回。为了不让各方面寻访红岩的人士走错路，饶国模便专门安排了农场内的一位黄大娘在这棵黄桷树下摆了一个香烟茶水摊，遇有到八路军重庆办事处的人问路，就往上指。从此，再没有到办事处的人误入参政会大楼了。1946年春，周恩来、董必武、王若飞和南方局、办事处以及《新华日报》几十位同志，在这棵大树下留下了珍贵的历史镜头。这棵树是红岩斗争历史的见证，半个多世纪的风风雨雨过去了，它仍然根深叶茂地屹立在这里，微风徐拂，树影婆娑，像是在对游人们讲述着它当年所看到的一切。

五、饶国模故居

该故居位于重庆市渝中区化龙桥红岩村52号，是一座中西式结合的砖木结构小红楼，占地面积70余平方米，建筑面积180平方米，共有房间10间。从外观上看，形似两层，内部实则三层，每层上楼的楼道都隐藏在一个房间里极为隐蔽。故居大门匾额为原中共中央政治局常委宋平同志题写。1922年，饶国模随夫到重庆创办三友实业社，后买下郊外红岩嘴的土地开办农场。为方便经营农场，1930年在农场中央建成这幢

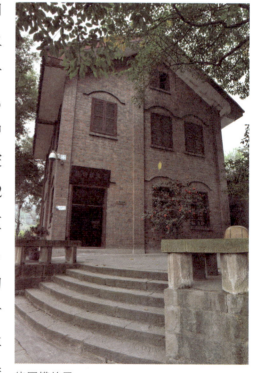

饶国模故居

小楼。1939年春，因城内办公住宿地点被日机炸毁，先期移驻红岩嘴大有农场的南方局领导同志秦邦宪、凯丰等人曾在此楼短期居住和工作。抗战时期，饶国模还在这里邀请南方局和办事处的同志品茗观花、吟诗作赋、互相唱和。由于此楼坐落在通往中共中央南方局和八路军驻重庆办事处的必经小道旁，因此它也起着保护南方局和办事处安全、掩护和隐蔽到红岩的地下党同志和进步人士、爱国青年的作用。此楼的三楼还曾一度作为南方局与地下党组织的联络点之一。目前，饶国模故居底楼举办了"饶国模生平业绩"展览，供广大观众参观。

六、中共中央南方局暨八路军驻重庆办事处旧址

中共中央南方局暨八路军驻重庆办事处的办公场所最初在市中区（现渝中区）机房街70号，但在日军飞机的轰炸中被炸毁了。为了保障办事处人员的安全，南方局书记周恩来指示另觅新址建办公楼，于是就找到了位于化龙桥红岩嘴的"大有农场"。在"大有农场"女主人饶国模的大力支持下，办事处大楼新建而成。1939年秋至1946年5月，中共中央南方局和八路军驻重庆办事处在此大楼办公，地方当局将这里的门牌号编为红岩嘴13号（1945年改为红岩村13号）。1945年重庆谈判期间，毛泽东曾在此办公和住宿。1950年6月，饶国模将红岩大有农场土地、房屋包括此

中共中央南方局暨八路军驻重庆办事处旧址

楼全部捐献给人民政府。1958年5月1日，以此楼为主要革命旧址的红岩革命纪念馆建成并对外开放。1961年3月4日，国务院公布中共中央南方局暨八路军驻重庆办事处旧址为第一批全国重点文物保护单位，2014年被公布为全国第一批抗战纪念遗址。

传达室。当年传达室有着重要作用，除了进行来访人员登记外，还能够应付国民党的突然袭击。传达室办公桌下面安装了脚踏电铃，遇到紧急情况，传达室同志一边跟敌人周旋，一边悄悄地踩响桌下的电铃，二楼、三楼的同志听见铃声，就会提前做好应对准备。传达室中还设置了一个小门，它直接通向二楼的南方局办公区域。当年，从事秘密工作的同志来南方局汇报工作都是从传达室的小门直接进入二楼，在外面监视的特务也只看见人员进了传达室，而不知道他们已经通过小门进入了大楼。同时，从事秘密工作的同志可以通过小门避免与公开身份的同志相接触。

会客室。在这间会客室里面，南方局领导人会见了各界友好人士。周恩来曾经在这里会见了旅美华侨洪门致公党的领袖司徒美堂先生。1945年，重庆谈判期间，毛泽东在这里会见了3位美国士兵，并进行了长时间的谈话，让他们了解共产党，最后还在办事处后门的芭蕉树下拍照留念。

综合办公室和处长办公室。在这个小小的房间里面包括了当年的经理科、交通科、文书科、总务科，当时红岩村的工作人员非常多，一个房间有很多同志同时工作，最多的时候七八个人在一个桌子上办公。

钱之光办公室

里面一间是办事处处长钱之光的办公室兼卧室，大家都亲切地称钱之光是"革命的管家"。钱之光1900年生于浙江诸暨。1939年初，八路军驻重庆办事处成立，钱之光以少将军衔担任办事处处长。在周恩来、董必武直接领导下，为发展抗日民族统一战线和开展国统区地下斗争，以及向抗日根据地输送军需民用物资做了大量工作。1944年，任中共重庆工作委员会委员。1945年，任中共南方局（重庆局）委员，为重庆谈判做了大量工作。1946年5月，钱之光随周恩来、董必武率领的中共代表团、中共中央南方局、重庆八路军办事处等单位到南京，任南京局委员兼财经委员会副书记、十八集团军驻南京办事处处长、南京中共代表团办公厅主任。1994年2月5日在北京逝世。

毛泽东办公室。在毛泽东赴重庆谈判度过的44个夜晚中，除了有3天应蒋介石的邀请住在山洞林园外，其余的41个夜晚都是住在这间办公室。白天他就在位于重庆中山四路的桂园办公和接见前来拜访的各界人士，晚上就回到红岩村办公和居住。毛泽东来重庆期间正值炎热的夏天，几位友好人士给他赠送了交流电收音机和华孚座式电风扇，他都坚持按价付钱。在这间居室里，毛泽东重书了写于1936年的《沁园春·雪》送与民主人士柳亚子，当这首气势磅礴的词传开以后，轰动了整个重庆，引起了广泛的关注。

毛泽东办公室

　　叶剑英、吴玉章办公室。作为八路军总参谋长的叶剑英公开身份是中共代表团成员，秘密身份还兼任了中共南方局常委，主要协助周恩来同国民党进行谈判和负责军事方面的工作。1940年3月，蒋介石以检讨冬季作战为名，宣布召开全国参谋长会议，妄图趁此机会攻击中共领导的军队"袭击友军，制造摩擦"。叶剑英从容赴会，拿证据，摆事实，讲道理，从战略、战役、战术上逐条反驳了国民党对中共军队的诬蔑，争取到许多爱国将领对八路军、新四军的了解和同情，打乱了蒋介石的反共部署，击败了其分裂阴谋，产生了深远的影响。董必武曾赞叹说："古有诸葛孔明只身赴东吴舌战群儒，今有叶剑英只身赴参谋长会议，舌战群儒，可谓异曲同工，英雄本色。"在重庆工

叶剑英、吴玉章办公室

作期间，叶剑英主要住在曾家岩，来红岩村就在这间办公室办公和居住。这间办公室也是南方局委员吴玉章的办公室。

林彪、叶挺办公室。1942年，党中央派林彪同周恩来一起飞往重庆与蒋介石进行谈判，林彪就住在这个房间。当蒋介石看到前来谈判的代表是黄埔军校的学生林彪后，多次推托避而不见，谈判结果并不理想。经过断断续续的谈判，林彪在重庆待了近一年后返回延安。

新四军军长叶挺在被国民党强行扣押5年释放后也和他的家人在这里短期居住过。1946年3月5日，也就是叶挺出狱的第二天，他便向党中央发去电报申请重新入党。3月7日，毛泽东亲自致电同意其加入中国共产党，并向其致以热烈的欢迎。但不幸的是，叶挺将军在4月8日由重庆飞往延安途中，所乘专机在山西黑茶山失事，叶挺及夫人李秀文、女儿叶扬眉、儿子叶阿九不幸遇难。一同遇难的还有王若飞、博古、邓发、黄齐生等人，史称"四八烈士"。

周恩来办公室兼住室。1938年12月至1946年5月，周恩来以中共代表、国民政府军事委员会政治部副部长的公开身份和中共中央南方局书记的秘密身份常驻红岩村，同国民党军政当局进行谈判，广泛开展抗日民族统一战线工作。周恩来常在此召开会议、听取汇报、讨论决定重大问题、安排布置有关工作和撰写《新华日报》代论等重要文章。《新华日报》刊登的著名的"千古奇冤"一诗就是在这里写下。1943年3

周恩来办公室兼住室

月18日是周恩来45岁生日，同志们特地做了几道简单的菜准备为他庆祝。周恩来知道后坚持不出席，只让厨房煮了碗面作为纪念。就在这天晚上，他在这间办公室写下了《我的修养要则》，以更严格的标准要求自己。

董必武办公室兼住室。1938年10月至1946年5月，董必武任中共代表、南方局常委兼统一战线工作委员会书记、宣传部长、国民参政会驻会参政员，长期在重庆协助周恩来开展各项工作。周恩来离渝期间，董必武主持南方局工作。1945年夏，董必武作为中共代表随中国政府代表团赴美国旧金山出席联合国成立大会，并在联合国宪章上签字，这是中国共产党第一次走向国际舞台，让世界认识了中国共产党。董

董必武办公室兼住室

必武到美国，是中国共产党高层领导人第一次以公开身份在美国活动。除参加会议以外，董老还尽可能多地接触华侨华人。他广交朋友，发表演讲，宣传中国共产党的主张，自费出版英文版《解放区实录》5000册，散发给出席联合国制宪会议的各国代表、外国记者及美国人士，向世人介绍解放区军民在抗击日寇、政权建设、经济和文化建设等方面的成就。在两个多月的联合国制宪会议期间，董必武庄重而平和的政治家风度，充分展示了中国共产党人的风采。

林伯渠办公室。在董必武办公室对面就是林伯渠的办公室。林伯渠是陕甘宁边区主席，国民参政会中共参政员之一，抗战期间他曾多次来重庆出席国民参政会，在1944年曾和王若飞代表中央来重庆与国民党

林伯渠办公室

谈判。在三届五次国民参政会上，代表中国共产党提出了成立联合政府的主张，得到中间党派和广大人民的积极响应。

七、八路军驻重庆办事处礼堂旧址

八路军驻重庆办事处礼堂始建于1944年秋，1945年8月建成，由南方局和办事处的同志自己设计，并参与修建。整幢房屋一楼一底，占地面积199平方米，建筑面积398平方米，底层是礼堂，二楼是宿舍。1945年8月30日晚上，南方局和办事处的同志们在这里为毛泽东莅渝谈判举行了欢迎宴会暨礼堂落成典礼。毛泽东在这里十分高兴地会见了南方局、办事处和《新华日报》的同志。礼堂门口的"乐园"，是南方局和办事处的同志们自己挖掘出来的一块大约四五十平方米的小土坝，是红岩同志们学习和娱乐的主要场所。同志们工作之余常在这里看书、读报、唱歌、排戏和进行娱乐活动。礼堂舞台上演过的剧目有《一朵红花》《兄妹开荒》《夫妻识字》以及《牛永贵负伤》等从延安来的秧歌剧。每逢周末，礼堂还举行舞会，南方局和办事处的同志们在自己的小乐队伴奏下欣然起舞。在"乐园"靠山一边的土坡上，同志们用竹子编扎成墙，办起了内容丰富的"乐园墙报"。革命乐观主义精神和丰富多彩的生活娱乐情趣溢满红岩山谷。

八路军驻重庆办事处礼堂旧址

八、红岩樱花园

红岩樱花园位于红岩礼堂与红岩托儿所之间的山坡上，占地面积三千余平方米。此园建于1979年。园内樱花系日本前首相田中角荣为表达中日友好、缅怀周恩来总理而赠给邓颖超同志的日本名贵山樱。邓颖超将这批日本樱花分别转送给重庆红岩村和南京梅园新村等几处周恩来生前曾长期工作和战斗过的地方。嘱托这些纪念馆好好种植，红岩革命纪念馆分得78株。1979年重庆市人民政府在这里开山改土，建成了这座红岩樱花园。

经过二十余年的精心管理和培育，红岩樱花园早已枝繁叶茂，蔚然成林。每年早春，园内樱花怒放，花团锦簇，远望就如一片绿海中的绯云，煞是好看。园内石板小路曲径通幽辅之以近旁的盆景园。游人或观赏樱花，或拍照摄像，徜徉园内，追思红岩精神，缅怀红岩先辈，置身这如诗如画的自然景观之中，寓教于游，趣味无穷。红岩樱花园的景致，使红岩这块革命圣地更加绚丽多彩，人文景观和自然景观相得益彰，吸引着成千上万的观众来红岩参观和瞻仰。

"红岩樱花园"五个大字由廖承志题写，廖承志并作题记简述园内樱花来历。相关文字用黑色大理石镌刻镏金，镶嵌在园中石壁之上。

红岩樱花园

九、八路军驻重庆办事处托儿所旧址

托儿所旧址距八路军驻重庆办事处旧址300米，是一排灰色的小青瓦房。该建筑建于20世纪30年代，占地面积300平方米，建筑面积133平方米，土木结构，穿斗式平房。这里原是饶国模"大有农场"员工住房。

1941年秋，在办事处工作的人员有几十个人。由于部分结婚的同志都带着孩子，最令人头痛的问题就是有时孩子闹得大家根本无法工作。周恩来与邓颖超关注到了此问题。1942年春，邓颖超建议办托儿互助组，由妈妈们轮流看管。随后，在邓颖超张罗下，借用这一排房子，大家打扫干净，消毒后，托儿所开班了。

托儿所开班时，只有一个滑梯和一个自制的秋千，孩子们常因玩不到而哭闹。周恩来得知这一情况后说："孩子们是革命后代，是祖国的宝贝，是我们的

红岩村"八办"托儿所

接班人，大家都应该关心，托儿所的困难也是大家的困难。"便动员警卫班、公务班、厨房等部门的同志为孩子们制作玩具。在周恩来的动员下，托儿所里的玩具多起来了。邓颖超还指示妈妈们要了解和研究儿童心理，要根据儿童不同年龄、不同特点进行教育。

红岩托儿所最多的时候有30来个孩子，小的几个月，放在箩筐里，大的五六岁，则开始引导习字。当时生活条件虽然艰苦，但孩子们生活很有规律，讲营养，讲卫生，爱运动，个个都长得结结实实。

托儿所里的孩子几乎都有一个有趣的名字。"鸡蛋"是陈家康和徐克立的儿子，因圆脸，又喜欢就地打滚，故取名鸡蛋。"光光"是红岩三楼机要员申光的儿子，自幼剃个小光头。蔡书彬和林居先长子也剃了光头，就叫"灯泡"。托儿所还有一个叫"丹坡"的孩子，不是外号，意指出生在红岩，她是华岗和谈宾若的长女。

在红岩村八路军办事处旧址大楼，底楼过道上挂着一幅邓颖超抱着一个孩子的图片，旁边是周恩来的亲笔配诗。该幅照片题目是"大乐天抱小乐天"。

管平与荣高棠的大儿子几个月大时，就随父母来到重庆，当时也是红岩唯一的孩子，周恩来夫妇常逗他玩。因敌人轰炸，大家常躲到山崖防空洞内，孩子就成了大家的逗乐中心，如击鼓传花，从这人手中传到那人手中。因为孩子爱笑，周恩来说他是个乐天派，就叫他"小乐天"。平时，"小乐天"常跑到大楼门口去迎接邓颖超。有一次，当"小乐天"跑到大门口接邓妈妈时照下了一张像，周恩来还写了一首"题双乐天图"的诗：

大乐天抱小乐天，
嘻嘻哈哈乐一天，
一天不见小乐天，
一天想煞大乐天。

在那个战火纷飞的年代，一群革命后代聚集在重庆红岩村八路军办事处，由邓颖超倡导成立的红岩托儿所，为孩子们创造了一个幸福的童年生活。

十、饶国模墓

饶国模，1895年生于重庆市大足区农村一个书香门第之家，是黄花岗七十二烈士之一饶国梁的胞妹。1912年，考入成都益州女子师范学校。1915年毕业并与同学刘国华结婚，此后到川东任小学教员。1922年，随夫携子到重庆，因不愿在家当官太太而创办三友实业社，成为重庆著名的女实业家。1930年，买下郊外红岩嘴的土地开办农场。1938年，任重庆妇女慰劳会的劳动部长。1939年，将红岩村的一块土地提供给八路军办事处盖办公用房，为掩护党的工作做出重

红岩村饶国模墓

大贡献。1948年初，曾被中共重庆地下党批准为秘密党员（后失去关系）。1949年重庆解放后，被任命为西南军政委员会监察委员。1954年当选第二届全国政协委员，迁居北京。1960年因脑溢血去世，后安葬于此。在中国革命史上，重庆红岩村成为八路军办事处和南方局的驻地而扬名天下，女房东饶国模功不可没。邓颖超曾说过，没有饶国模，哪里有红岩！

十一、红岩公墓

在红岩村的深处，红岩防空洞的附近，有一块人工挖掘出来的、约三四十平方米的小平坝。平坝中央的石基地上，安放着一个用汉白玉雕凿成的圆形花环，平坝后面是一扇约七八米长的弧形红色石壁，上面镌刻着这座公墓的由来和墓中安葬人员的简历。整座墓体坐西向东，十分开阔。花环后面俯卧着一座用汉白玉大理石砌成的墓室，这里就是红岩公墓。

抗日战争时期和解放战争初期，中共中央南方局、八路军驻重庆办事处和《新华日报》在重庆八年多的艰苦历程中，先后有十余位同志和家属不幸逝世。其中有周恩来的父亲周懋臣和邓颖超的母亲杨振德，有原上海中央局书记黄文杰和周恩来的英文秘书李少石等同志。这些同志的遗骸最初安葬于小龙坎伏园寺饶国模划出的一块墓地里。1958年，周恩来派童小鹏回重庆，取出这些同志的遗骨火化，就近树碑，集体深葬。后因20世纪70年代襄渝铁路工程引起

红岩公墓

的地貌变化，该深葬处逐渐成为水田，所树石碑几乎淹没。为此，1983年重庆市人民政府将这些同志的骨灰集体移往红岩，建造红岩公墓集中安葬。1983年12月1日，红岩公墓被重庆市人民政府公布为市级文物保护单位。

附：墓中安葬人员生平简介

黄文杰　广东梅县人，1924年参加革命，中共党员。曾任上海中央局书记，在长江局、南方局做组织工作。生于1900年，1939年8月6日病故。

周懋臣　浙江绍兴人，周恩来之父。生于1873年，1942年7月10日病故。

杨振德　湖南长沙人，邓颖超之母，以医为业，积极支持革命，生于1875年，1940年11月18日病故。

李少石　广东新会人，1926年参加革命，中共党员，曾任江苏省委宣传部长，中共中央南方局秘书。生于1906年6月7日，1945年10月8日不幸遇难。

吴志坚　江西永新人，1929年参加革命，中共党员，八路军驻重庆办事处警卫副官。生于1919年，1939年不幸逝世。

饶友瑚　女，四川大足人，1935年参加革命，中共党员，从事党的秘密工作。生于1918年，1939年12月病故。

郭于鸣　山西崞县人，中共党员，《新华日报》外勤记者。生于1916年，1940年2月26日不幸病故。

边爱莲 女，浙江诸暨人，1939年参加革命，第十八集团军驻渝办事处会计。生于1914年，1941年4月1日不幸病故。

赵畹华 女，湖北黄陂人，在第一次国内革命战争和抗日战争时期，曾参加过革命工作。1942年2月12日病故。

徐天宝 浙江海临人，曾任第十八集团军驻渝教导队班长及第十八集团军驻渝办事处物资保管员。生于1908年，1942年夏病逝。

陈维恋 江苏人，1937年参加革命，中共党员，第十八集团军驻渝办事处警卫副官。生于1908年，1942年病故。

向先德 湖南人，中共党员，参加过长征，第十八集团军驻渝办事处警卫战士。生于1918年，1942年病故。

廖芩顽 女，湖南衡阳人，1929年参加革命，中共党员，从事党的秘密工作。生于1899年，1943年夏病故。

邓友理 四川奉节人（今重庆奉节人），1937年参加革命，中共党员，从事党的文艺工作。生于1916年，1946年1月8日去世。

十二、红岩水井

中共中央南方局和八路军驻重庆办事处移驻红岩之初，饮用水要靠人从两三里远的嘉陵江边去挑，返回全是陡坡，十分吃力。后来有同志从山沟深处的石缝中发现一小股泉水，便用南竹对剖成槽将水引到办事处，但水量还是不足，并且水源质量没有保证。为了从根本上解决问题，便在西边的山沟小溪旁挖了这口水井。水井深约二丈，水源充足，水质纯净，且四季不竭。办事处的日常生活用水从而得以解决。为防止坏人放毒和保证水源卫生，办事处还在井口上加了木盖，不取水时就盖上。

红岩水井

十三、红岩防空洞

抗日战争时期，日机经常空袭重庆。1940年秋，一颗炸弹就落在了办事处大楼前，震垮了部分墙壁。为防空袭，办事处在水井旁的山脚下挖了一个十余米长的防空洞，并在洞口搭了席棚，种上藤蔓植物隐蔽。每有空袭，南方局和办事处的同志以及农场的工人都到这里来躲避。有时空袭时间很长，周恩来、董必武等领导同志就利用这个时间给大家讲革命故事、讲国内国际形势。重庆夏季气候炎热，而防空洞口却十分凉快，周恩来、董必武等人在酷暑难当时就常在这里办公、看书、写文章。他们还在这里会见过外国友人和新闻记者，接见过爱国青年学生。

红岩防空洞

十四、八路军驻重庆办事处招待所旧址

八路军驻重庆办事处招待所原是大有农场工人住房。对外公开是接待共产党身份的参政员及办事处工作人员家属、亲戚的地方，实际是南方局向外输送和培训干部的枢纽站。南方局向外输送的干部一般先在这里集中学习，然后送往各地。各地方党组织的领导同志，经南方局组织部安排，在这里接受培训。

八路军驻重庆办事处招待所旧址

中山路旧址群概况

位于重庆市渝中区的中山路是重庆拓城后的第一条路，分为中山一、二、三、四路。中山四路位于重庆市渝中区上清寺，如今是中共重庆市委、重庆市政府所在地，是抗战文化一条街。1937 年至 1946 年间，国民政府行政院等机关设立于此。郭沫若、老舍、柳亚子、陶行知、徐悲鸿等也曾在中山四路定居或创作。这条街上的周公馆、桂园等历史建筑记录了中国共产党团结各阶层人民群众开展抗日民族统一战线和争取和平建国的辉煌历史。

十五、曾家岩50号（周公馆）旧址

曾家岩50号周公馆，坐落在重庆市渝中区中山四路的东端尽头，占地面积364平方米，建筑面积882平方米，是中共中央南方局设在城区的办公地点，南方局军事组、文化组、妇女组、外事组和党派组均设在这里。

1939年初，南方局考虑到办事处住房紧张，而曾家岩地处市区，靠近国民政府，会客访友和与各界人士接触都很方便，十分有利于开展工作，邓颖超遂以周恩来时任国民政府军事委员会政治部副部长的名义，租用了曾家岩50号一楼和三楼的全部以及二楼东边的三间房屋，对外称作"周公馆"，实际上是中共中央南方局部分机构所在地。中共代表周恩来、董必

武、叶剑英、王若飞等人在渝期间也常住于此。

在周公馆外面，距大门右边百米之遥是军统特务头子戴笠的公馆，左边毗邻国民党警察局派出所。周公馆的内部环境也非常有趣，主楼的底层和三楼的全部以及二楼东边的三间房屋为南方局租用，其余分别租给了时任国民党中央抚恤委员会主任秘书刘瑶章和国民党上层人士端木恺以及时任重庆市市长贺耀祖的夫人倪斐君领导的"战时妇女服务团"。这样就形成了国共两党人士同进一个院、共住一栋楼的有趣现象。住在这里的国民党人士虽同中共中央南方局和八路军重庆办事处人员共同进出一个大门，同在一个屋檐下生息，但互相几乎没有往来，却也相安无事，亦不失为抗战期间国共合作的一段佳话。1958年董必武重返曾家岩50号时，曾题诗一首，"八年抗战此栖身，'三打维支'笑语新。戴笠为邻居在右，总看南北过门人。"生动形象地描绘了周公馆当年的内外环境。尽管周公馆的内外环境如此复杂险恶，但以周恩来为代表的中国共产党人以坚如磐石的理想信念，战斗、生活在这里，为抗日民族统一战线的发展、壮大和巩固做出了不懈努力。

1958年，该旧址和中共中央南方局暨八路军驻重庆办事处旧址一起被列为红岩革命纪念馆的组成部分，1961年被定为全国重点文物保护单位。

十六、《双十协定》签字处——桂园

桂园，坐落在重庆市渝中区中山四路，占地面积700平方米。这里原为国民政府军事委员会政治部部长张治中将军的公馆，因院内主楼前有两株桂花树，每年秋天开花之时，满院花香馥郁，桂园因此而得名。

1945年抗战胜利前夕，国民政府主席蒋介石三次电邀中国共产党中央委员会主席毛泽东赴重庆共商和平建国大计，为了实现战后的和平建国方针，8月28日，毛泽东在周恩来和王若飞的陪同下亲赴重庆。素有"和平将军"之称的张治中先生将桂园让出，作为毛泽东、周恩来白天在城内的办公会客场所和国共双方代表谈判的地点之一。毛泽东在重庆45天，白天常在此会客办公，国共双方代表亦在此数次商谈。

桂园主楼在小院中央，大约建于20世纪30年代末期，是一栋西式的砖木结构的两层建筑，占地面积约200平方米，建筑面积489平方米。此楼初为国民政府财政部司长关吉云所有，张治中的前任部长陈诚亦曾在此住过。1940年张治中任国民政府军事委员会政治部部长后即住于此。

底楼为客厅、餐厅和警卫人员住室，二楼为重庆谈判期间毛泽东、周恩来和担任毛泽东秘书工作的王炳南的办公室兼休息室。还有一间原是张治中夫妇的卧室，张治中原准备让毛泽东在这里晚上住宿用，但毛泽东在重庆44个夜晚，除来渝和离渝时在山洞林园

桂园——国共和谈旧址

蒋介石官邸共住了三个晚上外，其余41个夜晚都是在红岩村八路军驻重庆办事处度过的，没有在这间屋里住过一晚上。

重庆谈判期间，毛泽东、周恩来、王若飞曾在桂园客厅与蒋介石会面晤谈，并约见国民政府谈判代表，提出中共关于此次谈判的各项要点。中共谈判代表周恩来、王若飞在此数次与国民政府谈判代表王世杰、张治中、张群、邵力子进行商谈。毛泽东、周恩来还在这里广泛会见了国民党党政军要人、国民党元老、民主党派领袖、群众团体及文化艺术和工商产业界人士代表，向他们阐明中国共产党为争取和平民主团结、建设独立自由富强的新中国的主张，得到了国内国际舆论的广泛同情与支持。促进了抗战胜利后的国内政治形势朝着有利于人民的和平民主方向发展，把人民民主统一战线推向了空前的广度和深度。经过艰苦的谈判斗争、中国共产党的不懈努力与作出重大让步，一个基本符合全国人民根本利益的谈判结果——《政府与中共代表会谈纪要》（《双十协定》）于1945年10月10日在桂园客厅由国共双方谈判代表签字生效。

桂园，作为第二次国共合作时期国共两党领袖共商国是和中国共产党真诚谋求和平民主团结的历史见证而名扬中外。1977年重庆市人民政府将此辟为纪念地，归入红岩革命纪念馆，正式对外开放。1980年7月，四川省人民政府将桂园定为省级文物保护单位。2001年6月25日，国务院将桂园公布为全国重点文物保护单位。桂园，正在吸引着越来越多的渴望祖国统一的海内外同胞和社会各界人士前来参观。

十七、中共代表团驻地旧址

中共代表团驻地旧址位于重庆市渝中区中山三路151号，该建筑是一幢中西结合砖木结构建筑，由四个单元组成。坐西向东，一楼一底，通高13米，面阔44.6米，进深10米，加上附属建筑，共占地627平方米，建筑面积1241平方米。该楼始建于上世纪40年代，抗战时期为中国银行所有。1945年12月16日，周恩来率中共出席政治协商会议代表团来渝，该楼即由国民政府拨给中共代表团使用。

政治协商会议，也称"旧政协"，1946年1月10日至31日在重庆召开。国民党、共产党、民主同盟、青年党和无党派人士共计38人参加。会上，左、中、右三种政治势力展开了尖锐复杂的斗争，其焦点是军队和政权问题。中国共产党坚持必须首先实行国家民主化，然后才能实行军队国家化原则，粉碎了国民党企图借军队国家化和统一军令、统一政令之名来消灭人民军队和解放区阴谋。在中国共产党的努力下，大会通过了《政府组织案》《国民大会案》《和平建国纲领案》《军事问题案》《宪法草案》等5项协议。由于这些协议在不同程度上有利于人民而不利于国民党独裁统治，因而最终被国民党统治集团撕毁。

中共代表团驻地旧址

1946年4月8日，在重庆出席政治协商会议的中共代表王若飞、秦邦宪，以及新近出狱的新四军军长叶挺、中共中央职工委员会书记邓发、著名教育家黄齐生等13人同机飞往延安，由于天气恶劣、飞机迷失航向，在山西兴县东南八十里的黑茶山撞山坠毁，机上人员全部遇难。毛泽东亲笔写下"为人民而死，虽死犹荣"。

中共代表团的周恩来、董必武、王若飞、叶剑英、陆定一、邓颖超、李维汉等同志都曾在此辛勤工作。

叶挺、廖承志同志出狱的欢迎会，叶挺入党大会也都在此举行。1946年中共代表团迁南京后，这幢房屋又成为中共四川省委工作人员的驻地。同年11月交还国民政府，被重庆警备司令部军营所占用，后为重庆市检察院职工用房。1961年2月18日，被重庆市人民政府确定为市级重点文物保护单位，2000年被公布为直辖市级重点文物保护单位，2001年被列为第五批全国重点文物保护单位。

《新华日报》总馆及营业部旧址

　　虎头岩遗址位于现重庆市渝中区化龙桥。虎头岩是《新华日报》总馆所在地。《新华日报》是第二次国共合作期间中国共产党在国统区公开发行的唯一机关报，该报社还编印发行了《群众》周刊，它们是中国共产党首次在全国公开发行的党报党刊。同时，位于重庆市渝中区民生路中段北边的《新华日报》营业部旧址，也见证了《新华日报》在重庆的光辉历史。

十八、《新华日报》总馆旧址

《新华日报》总馆旧址，位于重庆渝中区化龙桥虎头岩村86号。《新华日报》是全面抗战时期和解放战争初期中国共产党在国统区唯一公开出版发行的大型报纸，于1938年1月11日在武汉正式创刊。武汉沦陷后，《新华日报》总馆迁往重庆市区，后因大轰炸迁往化龙桥虎头岩。《新华日报》在重庆出版发行八年多，在宣传党的方针政策、维护统一战线、争取群众力量等方面发挥了重要作用，赢得了广大群众和进步人士的称赞，成为国民党顽固派摧不垮的坚强堡垒，被毛泽东赞誉为"新华方面军"，1947年2月，被国民党查封。1983年，《新华日报》总馆旧址被列为市级重点文物保护单位，2000年，被列为省级重点文物保护单位。

新华日报总馆旧址

十九、《新华日报》营业部旧址

《新华日报》营业部旧址位于重庆市渝中区民生路中段北边。此楼建于20世纪30年代，建筑面积274平方米，原为四川聚兴诚银行修建。1940年8月，原设在重庆西三街12号的《新华日报》营业部被日机炸毁。通过各种关系，冲破国民党当局的无理封锁，《新华日报》馆租下了这栋位于当时重庆"文化街"上的三层楼房作为营业部门市和办公用房，于同年10月27日迁此对外营业和办公，直到1946年2月22日被国民党特务暴徒捣毁为止。

营业部大门上方和正面墙体上，分别挂着国民党元老于右任题写的"新华日报"四个大字的招牌。底楼为营业部，面积60余平方米。二楼是营业部办公室，营业部的图书科、广告科、发行科和邮购科等部门在这里办

《新华日报》营业部旧址

公。"皖南事变"后，为了方便与重庆各界进步人士会见和晤谈，周恩来、董必武等南方局领导人常常在营业部二楼会客室与国统区有关人士、各民主党派负责人秘密会晤和交谈。三楼是《新华日报》社长潘梓年在城内的办公住宿用房和报馆记者临时住房及营业部工作人员、报丁报童住房。

《新华日报》营业部在此战斗近六年，为中国共产党在抗日战争时期和解放战争初期的舆论宣传事业做出了巨大贡献。1946年2月22日，这里被国民党特务捣毁后，《新华日报》营业部迁至德兴里39号星庐继续战斗，直至1947年2月28日被国民党重庆当局查封为止。

1974年，重庆市人民政府将此处底楼辟为纪念地，1982年将整栋楼房划归红岩革命纪念馆。经全面维修和复原后，于1986年10月正式对外开放。该旧址曾于1964年和1980年被四川省人民政府两次公布为省级重点文物保护单位。2001年，被列为第五批全国重点文物保护单位。

重庆歌乐山革命纪念馆所属场馆、史迹

重庆歌乐山革命纪念馆位于重庆市沙坪坝区歌乐山麓，是重庆红岩革命历史博物馆所属的纪念馆之一。该馆占地面积2.14平方公里，建筑面积32217平方米，主要包括白公馆看守所旧址、渣滓洞看守所旧址、"一一·二七"死难烈士之墓、松林坡杨虎城将军殉难地、蒋家院子秘密囚室等26处文物遗址及景点。在抗日战争和解放战争时期，这里是特务机关"中美特种技术合作所"和国民党军统重庆集中营所在地。

重庆解放后，人民政府将被国民党特务杀害的三百多名殉难者遗骸合葬于原"中美合作所"特警班大礼堂废墟上，1954年修建烈士墓园和烈士纪念碑，1956年被四川省人民政府定为重点文物保护单位。1963年，以集中营旧址为依托，成立"重庆中美合作所集中营美蒋罪行展览馆"；1984年更名为重庆歌乐山烈士陵园管理处，邓小平题写"重庆歌乐山烈士陵园"；1986年，在原"一一·二七"烈士纪念碑原址上，建成《浩气长存》大型群雕，邓颖超撰《烈士群雕铭》；1988年被评为全国重点文物保护单位；1993年增挂"重庆歌乐山革命纪念馆"馆名；1997年被中宣部定为全国爱国主义教育示范基地；2001年与红岩革命纪念馆资源整合、联合运作，2007年1月两馆合并成立重庆红岩联线文化发展管理中心（重庆红岩革命历史博物馆）；2016年9月被列为国家级烈士纪念设施。歌乐山革命纪念馆以宣传红岩革命烈士的英勇事迹和斗争精神为主要内容，大力弘扬红岩革命先辈的坚定理想信念和浩然革命正气，充分展示了红岩英烈的大忠大勇。

二十、红岩魂陈列馆

红岩魂陈列馆建于中美特种技术合作所特种警察训练班的检阅台旧址，始建于1963年，原名为"重庆中美合作所集中营美蒋罪行展览馆"。随着《红岩魂》展览在全国的影响不断深入，1999年更名为红岩魂陈列馆。2006年10月拆除重建，2007年10月竣工建成。改建后的陈列馆采用钢筋混凝土框架结构，一楼一底，面积由原来的1000余平方米增加到4800平方米。内有《红岩魂——白公馆、渣滓洞的革命烈士斗争事迹展览》。2023年9月改陈为《歌乐忠魂——白公馆、渣滓洞革命先烈斗争事迹展》，全面展示了牺牲在白公馆、渣滓洞的革命先烈的斗争事迹。

红岩魂陈列馆

二十一、红岩魂广场

红岩魂广场是全国第一个以烈士精神命名的广场，在纪念"一一·二七"革命烈士殉难50周年之际，在原"中美合作所"阅兵场的基地上修建而成。

红岩魂广场，分为瞻仰区和纪念区两个部分，占地22000平方米，一座宽21米、长18米的人行桥廊将两个部分上下贯通，浑然一体。广场气势恢宏，格调沉稳。

瞻仰区主题为"浩气长存"。赤色花岗石烈士群雕耸拔入云，伟岸雄奇，犹如镶嵌于万绿丛中的巨型红宝石。瞻仰区的顶端是覆斗形的"一一·二七死难烈士之墓"。与此相呼应，还有烈士诗文碑林和《血与火的洗礼》大型壁画。

红岩魂广场

　　广场纪念区西端有一水晶汉白玉砌成的碑体，上面镌刻着邓小平题写的"重庆歌乐山烈士陵园"，纪念区中轴线外两侧列有18根花岗石纪念柱，柱顶红梅怒放，取形"牢破梅开"，挺拔的柱身象征着烈士们不朽的人格，柱壁四边镌刻有烈士的遗诗遗言。广场东端，《不朽》浮雕墙衬托着刻有《红梅赞》词曲的喷泉音乐壁，与瞻仰区的烈士群雕遥相呼应，寓意时间虽在不停地流逝，但红岩英烈的精神却凝固在历史的长河中。

二十二、"一一·二七"死难烈士之墓

　　"一一·二七"死难烈士之墓建于中美特种技术合作所特种警察训练班大礼堂旧址。重庆解放前夕，国

烈士殉难之墓

民党特务在溃逃时将礼堂炸毁。重庆解放后，人民政府将先后殉难的300多烈士遗骸合葬于原废墟上，1954年建成了烈士墓园和烈士纪念碑，1956年四川省人民政府将这里定为省级重点文物保护单位。1986年，邓小平题写"重庆歌乐山烈士陵园"。1986年，由重庆市少年儿童集资和政府拨款修建的大型群雕《浩气长存》落成，取代原来的烈士纪念碑。群雕用红色花岗石砌成，高10.5米，分为"宁关不屈""前仆后继""坐穿牢底""迎接曙光"四个面，邓颖超题写烈士群雕铭文。

二十三、渣滓洞看守所旧址

渣滓洞原为人工开采的小煤窑，20世纪20年代由程尔昌开办，因煤少渣多而得名。1943年，白公馆改为中美特种技术合作所美方人员招待所，国民党军统局遂强占渣滓洞煤窑，设立看守所，将白公馆关押人员迁往渣滓洞看守所。1946年7月，贵州息烽监狱、重庆望龙门看守所撤销，与渣滓洞看守所合并。1947年4月，渣滓洞看守所关押人员全部迁往白公馆看守所，渣滓洞看守所关闭。1947年12月，渣滓洞看守所作为重庆行辕第二看守所重新关押"犯人"。渣滓洞看守所分内外两院，外院为特务办公室、刑讯室等；内院有男牢16间，女牢2间，关人最多时近300人。1949年11月27日夜至28日凌晨，特务对关押人员进行集体大

渣滓洞看守所旧址

屠杀并焚毁男牢，180余人遇难，15人脱险。根据有关人员的回忆，20世纪60年代初重建男牢。1956年，渣滓洞看守所旧址被定为省级重点文物保护单位，1988年被定为全国重点文物保护单位。

二十四、白公馆看守所旧址

白公馆原为四川军阀白驹的别墅。白驹自诩为唐代诗人白居易的后代，故借用白居易的号取名为"香山别墅"。1939年10月，国民政府军事委员会调查统计局（简称军统局）将其改设为重庆临时看守所。1943年，白公馆改为中美特种技术合作所美方招待所，关押人员迁往渣滓洞看守所。抗战胜利后，白公馆作为特别看守所关押周佛海等大汉奸。1947年4月，渣滓洞

白公馆看守所旧址

看守所关闭，关押人员全部迁回白公馆，由军统局改组后的保密局管理。此外，重庆行辕第二看守所有20多人寄押于此。1949年11月27日，特务对在押者分批屠杀，近30人遇难。一人在刑场身中数枪未死，侥幸逃生；19人在看守帮助下越狱脱险。20世纪50年代初，白公馆曾被辟为西南公安部战犯管理所，关押那些残害过烈士的特务。1956年被定为省级重点文物保护单位，1988年被国务院定为全国重点文物保护单位。

二十五、松林坡

松林坡位于白公馆看守所旧址后山，因遍布松树而得名。全面抗战时期，为躲避日军空袭，戴笠在此为蒋介石修建别墅，附属建筑有警卫室、会客室、停车场，但蒋介石很少来，主要是戴笠自己使用。中美特种技术合作所存续期间，此处为中美合作所的"松林宾馆"，美国驻华大使赫尔利视察中美合作所总部时曾到此休息，中美合作所副主任梅乐斯在重庆时常住于此，并最后从这里回美国。1946年3月戴笠死后，此处被军统局辟为祭祀戴笠的祠堂，又称"戴公祠"。

1946年8月18日，原中共四川省委书记罗世文、川西特委军委委员车耀先殉难于此。1946年10月15日至11月2日，西安事变发动者张学良将军被囚于此，并从这里被押送台湾，永别大陆。1949年9月6日，西安事变另一发动者杨虎城将军、儿子杨拯中、幼女杨拯贵及西北文化日报社总编宋绮云夫妇、儿子宋振中（小萝卜头）等6人殉难于此。1949年11月27日、29日，部分关押在白公馆、渣滓洞、新世界看守所的政治犯数十人先后殉难于此及附近刑场。

松林坡

二十六、蒋家院子

位于歌乐山后山一个小地名叫红炉厂的荒僻山坳里。叶挺将军前后两次在此被秘密囚禁。第一次是1942年1月3日，从桂林直接押解到此。第二次是1945年9月14日，从湖北恩施将他解押来重庆，仍关押在这里。至1946年3月4日获释出狱，叶挺将军两次在此共被囚禁达一年半之久。在这里，叶挺将军创作了著名的《囚歌》：

为人进出的门紧锁着，

为狗爬出的洞敞开着，

一个声音高叫着：

爬出来呵，给尔自由！

我渴望着自由，

但也深深地知道，

人的躯体哪能由狗的洞子爬出！

我只能期待着那一天，

地下的火冲腾，

把这活棺材和我一齐烧掉，

我应该在烈火与热血中得到永生！

蒋家院子

这是一篇白话述志诗。全诗明白晓畅，通俗易懂，不着一典，犹如脱口而出，但感情炽烈，气势豪迈，意境表达清晰完整。这是诗人高尚情操的真实流露，让读者情不自禁地为诗中的那股凛然正气而震撼，为诗人的高尚人格而肃然起敬。

二十七、杨家山秘密囚室

坐落于杨家山山腰，有平房四间，占地面积近百平方米。1946年8月，西安事变的发动者杨虎城将军一家由贵州息烽玄天洞转囚这里，由龚国彦特务分队和一连宪兵驻守。杨虎城将军在这里度过了他囚禁生涯中最悲惨的岁月，夫人谢葆贞因多年监禁，身患重疾得不到治疗，于1947年底在这里含恨而逝。1949年1

月25日，国民党政府代总统李宗仁迫于社会各界舆论的压力，下令释放杨虎城、张学良。但是蒋介石却在幕后操纵，命令毛人凤复将杨虎城一家转往贵阳麒麟洞关押，同年9月6日将他秘密杀害于重庆松林坡戴公祠会客室。

杨家山杨虎城秘密囚室

二十八、步云桥烈士诗文碑林

步云桥烈士诗文碑林位于烈士墓通往白公馆的步云桥畔，占地面积4000平方米。1987年1月，重庆歌乐山烈士陵园开始了以陈列展览、烈士塑像、烈士诗文碑林三大任务为主的三年规划建设，步云桥烈士诗文碑林建成于1988年。共立江岸磐石94块，最重者达21吨，碑上题刻有烈士诗文24首，皆由全国著名书法家用汉文、藏、蒙、维吾尔文题写，由能工巧匠凿刻而成。碑林用石，全部采自长江千年磐石，寓意不管时间如何流逝，无论风吹雨打，烈士们的诗就像他们那伟大的人格一样，永远屹立在后人的心中。今天，当人们来到这错落有致的烈士

诗文碑林，面对那块块磐石、净净诗文，对先烈的敬
仰之情就会油然而生。

步云桥烈士碑文林

特园及中国民主党派历史陈列馆

　　特园位于重庆市渝中区嘉陵东路35号，是抗战时期和抗战胜利前后中共和各民主党派活动的重要场所之一，是中共中央南方局在重庆贯彻党的抗日民族统一战线政策的历史见证，也是中国政治协商制度创立和实践的历史见证。重庆谈判期间，毛泽东曾多次来到特园，留下一段共产党领导人与民主党派、爱国民主人士风雨同舟、共商国是的佳话。依托特园"康庄"旧居建立的中国民主党派历史陈列馆，是全国第一个以民主党派历史为主题的陈列馆，是弘扬统战文化的重要场所。

二十九、特园

特园是抗日战争时期著名爱国民主人士鲜英的公馆，位于重庆市上清寺西南角风景秀丽的嘉陵江畔，占地约三亩，布局典雅，结构严谨，居室宽敞，错落有致，庭院幽静。因为鲜英字"特生"，故名其宅为特园，特园旧址为第七批全国重点文物保护单位。当年鲜英夫人金竹生女士以废弃煤渣打成煤砖售卖，积得资本建房出租，积年发展，修建鲜宅，后慢慢发展为特园。鲜宅主体达观楼即为金夫人亲自设计。鲜宅始建于1929年，1931年完成，这是特园的主体。大小房36间，其主体达观楼，是三层楼的青砖建筑，前后各一个大花园以及一些附属建筑。1939年后，鲜英拒绝仕途，常年居家特园，对来渝各界社会进步人士热情

上清寺特园康庄旧址

招待。特园是以周恩来、董必武为代表的中共中央南方局开展统战工作的重要场所。1941年3月，张澜、黄炎培、梁漱溟、罗隆基等在特园秘密成立中国民主政团同盟，并将总部设在特园，鲜英被推举为中央委员。张澜、梁漱溟等长住特园，冯玉祥将特园康庄2号长借为市内官邸。特园长年开设流水席，日客流量多则上千，少则数百。鲜英积极支持中国抗战民主进步事业，重庆的知名人士、社会贤达以特园为民主运动的大本营，常常去特园聚会，不少人还寄宿于特园。以周恩来为代表的中共中央南方局领导人也是特园的常客。1945年，重庆谈判期间，毛泽东曾多次来到特园，与张澜、沈钧儒、鲜英等民主人士共商国是，特园也因此被誉为"民主之家"。在抗战胜利前后，特园曾是中共和各民主党派活动的重要场地之一，是中共中央南方局在重庆贯彻党的抗日民族统一战线政策的历史见证。著名爱国将领冯玉祥20世纪40年代后期慨然书赠"民主之家"匾额，匾现藏红岩革命纪念馆，是国家一级文物。

三十、中国民主党派历史陈列馆

中国民主党派历史陈列馆位于重庆渝中区上清寺嘉陵桥东村35号，依特园康庄旧址而建。占地面积4032平方米，建筑面积10341平方米，2011年建成。陈列馆内有四层展厅，建筑面积8000多平方米，与特园历史建筑有机结合，融为一体，它是国内第一个以中国民主党派历史为主题的公益性陈列馆。

中国民主党派历史陈列馆的展览，由中国国民党革命委员会、中国民主同盟、中国民主建国会、中国民主促进会、中国农工民主党、中国致公党、九三学社、台湾民主自治同盟、全国工商业联合会、中国无党派人士等历史陈列组成。展出历史图片3000余幅，文物史料1000余份，珍贵实物1100余件，是全国第一座全面展示中国共产党领导的多党合作和政治协商制度形成和发展历史的陈列馆。陈列馆先后被命名为"中国统一战线传统教育基地""中国统一战线历史研究基地""中央社会主义学院教学基地""国家AAAA级旅游景区"。

中国民主党派历史陈列馆

第二篇　弥足珍贵的红岩文物

重庆红岩革命历史博物馆馆藏丰富，现有馆藏108272件/套，其中文物8688件/套（含珍贵文物4009件/套，其中一级文物207件/套，二级文物353件/套，三级文物3449件/套），这些文物有着丰富的内涵，生动的故事，是红岩先辈光辉历程的生动反映。我们精选10件馆藏一级文物、镇馆之宝，发掘背后的故事，供大家学习传颂。

一、《新华日报》印刷机

《新华日报》印刷机

　　这件文物的年代为1938年到1947年，材质为金属。这是一台20世纪30年代由德国进口、装有西门子马达的平板印刷机，长224厘米、宽154厘米、高153厘米，重约1吨，是由皮带、轮子等带动的四开印刷机，机体完整，部分零件磨损严重，通身有氧化锈蚀。现为国家一级文物。

　　1937年10月，由党中央营救出狱不久的潘梓年从周恩来那里接受了筹办《新华日报》的任务，他与章汉夫等同志先在南京后在武汉四处奔走，找房子、搞设备、办交涉，受到了国民党当局的重重阻碍，后经周恩来等据理力争及进步人士帮助，终于获得了在汉口公开出版发行《新华日报》和《群众》周刊的权利。为了早日出版报纸，潘梓年在武汉一家小报印刷厂购得了这台装有德国西门子马达的平板印刷机。1938年1月11日，《新华日报》以优质的印刷质量在武汉创刊发行，震撼了武汉三镇的整个新闻报业界，而承担这次首印任务的便是这台印刷机。

　　1938年10月，随着日军逐步包围武汉，各级机关、工厂、学校纷纷西迁，《新华日报》一直坚守到最后。10月24日，也就是武汉沦陷前夜，汉口秋雨淅沥，周恩来在报馆口述25日发表的社论——《告别武汉父老兄弟》，郑重宣告"我们只是暂时离开武汉，武汉终究会回到中国人民的手中"。当晚，报馆大部分人员撤离汉口。

《新华日报》在汉口出版虽只有10个月时间，但发挥了巨大作用，它积极宣传了共产党的抗日主张和政策，宣传八路军、新四军英勇抗战的战绩，为抗日民族统一战线的巩固和发展发挥了应有的舆论作用。后来，中共中央给予了充分肯定："这一年来，《新华日报》正确执行了中国共产党的路线，坦白地反映了全中国同胞的意志，坚定地发扬了坚持抗战、坚持持久战、坚持抗战到底、争取最后胜利的责任。"

武汉失守后，我党驻国统区的公开机构及新华日报社辗转迁渝，印刷机也随之撤至重庆西三街。1939年日机对重庆狂轰滥炸，印刷机随着新华日报馆迁至化龙桥虎头岩下，报馆的同志们动手挖了防空洞，把印刷机也搬了进去。1941年1月18日，刊载有周恩来对皖南事变题词"千古奇冤，江南一叶，同室操戈，相煎何急?！"的《新华日报》，就是在防空洞里印出来的。

1947年2月，国民党关死和谈之门，强行封闭了重庆《新华日报》，并要南京、上海、重庆的中共人员限期撤离。2月28日深夜，国民党军警宪特突然包围了《新华日报》重庆分馆。3月上旬，当在渝全体中共人员撤返延安后，这台印刷机被军警拖至重庆南岸一个监狱的铁窗之中。到1949年11月30日重庆解放，军管会清查监狱时发现了这台印刷机，后来一直由重庆市计划委员会印刷厂使用。在《新华日报》发行九年一个月又十八天、3231期，《群众》周刊17卷405期的漫长岁月里，这台印刷机一直担负着繁重的印刷任务。作为抗战历史的见证物，昭示了被毛主席赞誉为"我党的又一支方面军"的功绩，也成为我们研究《新华日报》历史最好的佐证，具有重要的历史价值。

1985年，重庆市计划委员会印刷厂将这台印刷机拨交红岩革命纪念馆收藏。

二、"民主之家"木匾

冯玉祥将军题写的"民主之家"木匾

这件文物的年代是1946年，是一块门匾，柏木质地，长67厘米、宽138厘米、高2.5厘米，这是冯玉祥将军为爱国民主人士鲜英宅邸特园所题写的门匾。现为国家一级文物。

鲜英，字特生，1885年出生于四川省西充县太平镇鲜家沟，生平跨越军、政、商、学各界，一生颇具传奇色彩。1913年，鲜英考入"陆军速成学校"，不久加入同盟会，从事反清活动，与后来四川实权人物刘湘、杨森、唐式遵、潘文华、贺国光等皆为同学，平时交谊深厚。毕业后，受张澜嘱托，回重庆资助创办《新蜀报》，"输入新文化，交流新知识"，为死水微澜的川渝大地带来一股新风气。他还聘请恽代英、萧楚女等共产党员协助办刊，介绍苏联和马克思主义。

1921年，鲜英接受刘湘邀请，出任川军总司令部行营参谋长兼重庆铜元局局长等职。主持铜元局的经历，为其以后弃政从商积累了丰富的经验。也就在川军总司令部行营参谋长任上，鲜英买下了重庆上清寺旁一块70亩的坡地，并于1929年开始在此建筑宅邸，1931年正式建成，取名"特园"。特园融欧洲风格与川北特色为一体，其中有三处建筑最具代表性：一为"鲜宅"（即鲜英住处），有各式房屋20余间，主楼名为"达观楼"，以示主人胸怀；二为"平庐"，以八女鲜继平的名字命名；三为"康庄"，以九女鲜继康的名字命名。

抗战爆发后，重庆成为战时首都，社会各界名流云集山城，特园为奔走于国事的民主人士敞开大门。这里成为中共和各民主党派活动的重要场所之一，周恩来、董必武、王若飞等中共人士都是特园的嘉宾，张澜、黄炎培、沈钧儒等社会知名人士都曾以特园为民主运动的大本营，冯玉祥、孙科、于右任、柳亚子、潘文华、刘文辉等国民党要员也常是特园的座上宾。由于中共中央南方局借特园广泛开展活动，广大进步人士为坚持抗战、争取民主，纷纷团结在中共领导下的抗日民族统一战线旗帜下，使特园形成盟友如云的热烈场面，每天客人络绎不绝，有时全天开流水席，就餐的人随到随吃，经常出现"座上客常满，樽中酒不空"的盛况。在特园，各党派、各协会学会、民主人士、社会贤达不管官职多大，学位多高，资格多老，他们都统称"同志"，年龄高的长者便称"老同志"。这样的称呼既亲切，又和谐平等，董必武等同志称这里为"民主之家"。"民主之家"这一个称谓，也很快得到了社会各界的公认，特园由此誉满山城。租住在特园康庄的冯玉祥将军还用隶书亲自书写了"民主之家"相赠，赞誉鲜英追求民主、建设民主国家的美好追求。至交张澜，也特为"民主之家"撰写楹联：

"谁似这川北老人风流，善工书，善将兵，善收藏图籍，放眼达观楼，更赢得江山如画。哪管他法西斯蒂压迫，有职教，有文协，有政治党团，抵掌天下事，常集此民主之家。"

国共重庆谈判期间，毛泽东同志多次来到特园，他曾深情地感慨："这里是民主之家，我也到家了。今天我们聚会在民主之家，今后我们共同努力，争取生活在民主之国。"

1957年，在"反右"运动的影响下，鲜英一家和"民主之家"特园受到了冲击。在"文化大革命"中，特园主楼"达观楼"更是遭遇火灾，焚烧殆尽，所幸鲜英长子鲜继英舍命将"民主之家"门匾从火中抢救出来，并藏于自己床下当床板，才使该匾得以幸存。

1979年，鲜继坚将该匾捐赠给了红岩革命纪念馆。

三、童小鹏的照相机

童小鹏在中共中央南方局工作时使用过的照相机及相机皮套

这件文物的年代是1941年到1946年，是一台20世纪30年代德国生产的莱卡135相机，长13.4厘米、宽4.6厘米、高5.5厘米。相机机身材质为金属，机身为黑色，相机镜头及其他功能钮均为银色，相机外套为咖啡色皮套，机身和机套上均有"LEICA"即"莱卡"标识，机号为NO209222。这是1941年到1946年童小鹏在中共中央南方局工作时使用过的照相机，现为国家一级文物。

童小鹏，福建省长汀县童坊乡童坊村人，1930年6月参加红军，参加了中央苏区第一至五次反"围剿"战争和长征。从1936年和平解决西安事变起，童小鹏便跟随周恩来奔走于南京、武汉、桂林、重庆等地，长期在国统区工作，曾任中共中央长江局秘书兼机要科长、南方局机要科长等职。

1941年，时任中共中央南方局秘书处处长兼机要科科长童小鹏经南方局文化组的张颖介绍，结识了国民政府军事委员会政治部电影厂的摄影师程默，在接触中，程默了解到童小鹏从1937年初就开始了业余摄影，并十分喜欢照相，但因条件限制一直使用一台120照相机。由于120相机胶卷、曝光速度、照片清晰度等不及135相机，使用极为不便，程默便劝说童小鹏是否考虑更换一台135相机。适逢程默的一位朋友有一台旧的135莱卡相机想卖出，价格在500法币左右。童小鹏即请示当时分管南方局经济工作的负责人董必武，董必武很快同意，并批准买下了这台照相机。此后，这台相机就交付童小鹏使用。童小鹏用这台135相机，拍摄了大量的照片，这些照片主要反映中共中央南方局和八路军驻重庆办事处主要负责人及工作人员在重庆红岩村、曾家岩50号（周公馆）、《新华日报》总馆工作、学习、生活、娱乐的情景，也有南方局负责人参加一些外事活动，接见外国记者、友人的情景，还有一群在红岩村托儿所的办事处工作人员的孩子们愉快生活的情景。从1941年至1946年间，童小鹏用这台照相机，拍摄许多弥足珍贵的重大历史事件和难忘的历史场景。如1941年冬，周恩来、董必武、邓颖超在红岩会见司徒美堂；1943年9月被国民党重庆卫戍司令部查封的办事处电台照；皖南事变后林彪赴渝；1944年林伯渠到重庆；1945年毛泽东赴重庆谈判；1946年政协会议；叶挺出狱；"四八"烈士；军事三人小组视察华北等。拍摄内容丰富，涉及地域广阔，拍摄手法细腻。照片虽为瞬间定格，却成为一段难忘岁月的真实写照。

童小鹏就通过这台莱卡照相机将共产党人开展的革命活动，用摄影的方法记录下来。特别是记录了以周恩来为代表的中国共产党人为巩固国共合作和发展抗日民族统一战线，领导西南和南方各地党的工作，领导大后方民族解放运动所作出的不朽功绩。童小鹏长期在红岩村八路军驻重庆办事处生活、工作，他用手中的照相机拍下一组组难能可贵的历史镜头，成为当今我们追忆历史、再现历史、挖掘历史、研究历史的重要史料，具有重要的历史价值。

中华人民共和国成立以后，童小鹏同志曾任中共中央统战部秘书长、国务院副秘书长兼周恩来总理办公室主任、中共中央统战部副部长，直到1976年周恩来逝世，童小鹏在周恩来直接领导下工作了40年之久。

1978年8月，童小鹏将这台珍贵的照相机捐赠给了红岩革命纪念馆。

四、《参政员毛泽东在渝市之动态》

这件文物全册由10份报告组成，共计46页，9000余字，是一本长28.3厘米、宽19.5厘米的纸质合订本。

1945年抗战胜利前夕，中国向何处去？国共两党是战是和？成为国人、世人注目的焦点。是年8月14日、20日、23日，蒋介石连续三次电邀毛泽东到重庆谈判。中共中央于8月25日在延安召开政治局扩大会议，决定派毛泽东、周恩来、王若飞为代表，赴重庆与国民党谈判。《参政员毛泽东在渝市之动态》是时任国民政府宪兵司令张镇，在毛泽东重庆谈判期间，监视毛泽东等中共领导人每天活动情况呈军政部部长陈诚的书面报告。

该文物记录了仅在1945年9月1日至30日期间，到桂园去拜访毛泽东的各界人士多达100余人；毛泽东从桂园出发去参加的各类宴会、茶会或酒会有14次；毛泽东在桂园举行的招待各界人士的茶话会6次；毛泽东从桂园出发去拜访的诸如宋庆龄、于右任、吴铁

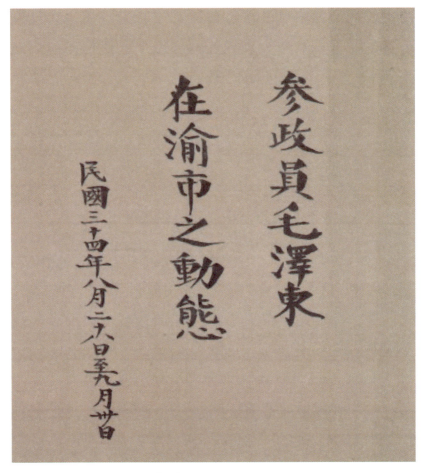

《参政员毛泽东在渝市之动态》封面

城、陈立夫等各界知名人士有数十人。无论在时间、地点、人名还是衣着服饰、胖瘦高矮以及监听到的对话内容等都做了细致、详实的记录。

　　1945年8月28日下午3点30分，一架草绿色的三引擎军用飞机，冲破重庆上空厚厚的云层，徐徐降落在警戒森严的九龙坡机场跑道上。机舱门打开了，第一个出现的是毛泽东。他举起戴在头上的考克礼帽，缓缓地向欢迎他的人群致意，然后大踏步走下舷梯，紧随其后的是周恩来、王若飞，以及蒋介石的代表张治中、美国大使赫尔利。毛泽东在欢迎的人丛中发现了银髯飘拂的张澜，不待旁人介绍，便迈步过去同他握手，一见如故地说："你是张表老？你好！"张澜连忙说："润之先生好！你奔走国事，欢迎你光临重庆！"

中外记者们趁势一拥而上，把毛泽东团团围住了。有的递名片，有的报姓名，有的提问题，有的抢着和毛泽东握手。被挡在人墙外的黄炎培、章伯钧、沈钧儒、左舜生和冷遹、鲜英，却因还未能同毛泽东见面、握手而焦急。沈钧儒在人墙中间被挤得满头大汗，他连声喊道："我是沈钧儒，我是沈钧儒。"

周恩来见状，机敏地几步迈到人群之外，然后把腋下夹着的一个大纸包高高举起："新闻界的朋友们，我从延安为你们带来了礼物，请到这里来拿吧。"中外记者们果然被吸引过来了。礼物每人一份，是油印的《毛泽东书面谈话》。这时毛泽东得以从容地与黄炎培、沈钧儒、章伯钧、左舜生、冷遹、鲜英诸人一一握手相见，互相问好。

在这份文物的第一份报告（中华民国三十四年八月二八日警政渝字第四一零三号）中详细记录下，毛泽东下机时，钱之光、龚澎（女）、乔木、鲁明、熊瑾玎、石西民等均鼓掌欢迎，张治中首先向毛泽东介绍周至柔，并告知代表蒋委员长来迎接，随后郭沫若、黄炎培等与毛握手，毛于摄影记者包围下以自然态度，手指对面山景自言自语称："青山绿水好风景"。而周恩来散发给各新闻媒体和记者们的传单《毛泽东书面讲话》也被抄录下来作为此份报告附件附于本报告之后。

这份文物相对当事者回忆资料更加准确和客观，但也因为周恩来巧妙安排部署，以及监视宪兵能力局限，很多重要秘密会面谈话都避免了宪兵的跟踪和监听，包括其会见人的身份除公开的以外都得以保护，使国民党当局面对这一份份报告，只能窥其轮廓，而不得精髓。例如其中记载："9月6日下午4时许，毛等至沙坪坝南开中学，与该校卢教授晤谈，并访张校长伯苓，与卢教授谈话时，其夫人出与毛握手谓：'毛氏之风采，足可为一国之领袖！'……"

2012年，该文物被评为国家一级文物。现收藏于重庆红岩革命历史博物馆。

五、美国士兵赠送的相册

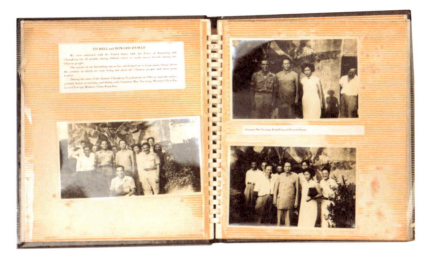

美国士兵赠送的相册内页

这件文物的年代为1945—1946年，是一本纸质材料的相册，纵32厘米，横27.3厘米，保存完好，为国家一级文物。相册中包含有毛泽东主席1945年在红岩村与霍华德·海曼等三个美国援华士兵的合影，美国军人在援华期间的工作、生活以及抗战时期上海学生示威游行等罕见的历史性镜头。现为国家一级文物，收藏于重庆红岩革命历史博物馆。

1941年8月1日，蒋介石发布命令，正式成立了美籍志愿大队，又称中国空军美国志愿援华航空队（美国空军十四大队），任命陈纳德上校为该大队指挥员，这就是后来闻名于世的"飞虎队"。飞虎队在云南昆明建立了庞大的空军基地，美国空军飞行员汇集于此，飞机主要驻扎在云南昆明和缅甸仰光，战区指挥部设在重庆，爱德华·贝尔、霍德华·海曼、埃德尔曼·杰克三位美国士兵先后在上海、昆明等地援华抗战，抗战胜利前夕调重庆工作。他们在中国历时一年零八个月的时间里从各种渠道和材料中，了解到中国共产党领导的敌后抗日根据地军民舍生忘死、英勇抢救遇难美国飞行员以及八路军、新四军对日作战的英勇壮举，了解到解放区人民生活虽然艰苦，但坚持自由平等的许多动人事迹，对共产党人由衷地产生了敬仰之情。在重庆工作期间，当他们听说中共领袖毛泽东正在重庆与国民党蒋介石进行决定中国前途和命运的重庆谈判的信息时，他们非常高兴，通过南方局外事组向周恩来表达恳请面见毛泽东的愿望。

1945年9月16日下午，在周恩来的安排下，毛主席在百忙中抽出时间在红岩村会见了他们，并与他们进行了座谈，之后还与他们共进了晚餐。毛主席这位具有雄才大略的伟人，如此和蔼、平易近人，侃侃而谈的举止，让他们非常崇敬，三位美国士兵将积存的115美元赠给毛主席，以表示对八路军新四军的支持，毛泽东则送了一套版画给他们留念。太阳快落山的时候，三位美国士兵邀请毛主席与他们一起合影留念，毛主席欣然同意，在重庆八路军办事处大楼侧门处的芭蕉树下进行了合影，一起合影的还有钱之光、乔冠华、龚澎、刘昂等中共中央南方局的同志，这件文物相册中就留下了这张珍贵的历史照片。

这件文物反映了中国人民在抗日战争和世界反法西斯战争中为民族独立坚持抗战到底、不畏强暴努力抗争的光辉历史，也反映中国共产党人立足中国，放眼世界，与世界爱好和平的人民携手并肩战斗的难忘岁月，所缔结的情谊，是考证抗战历史、红岩历史的重要佐证资料，具有很高的历史价值。

1976年7月25日，霍华德·海曼、爱德华·贝尔率领第二次世界大战美国退役军人及家属代表团再次到红岩村八路军办事处旧址参观时，将这本珍藏了30年的相册，捐赠给了红岩革命纪念馆。

六、董必武出席联合国制宪会议时穿过的长呢大衣

这件文物为一件棕色毛呢双排扣大衣，长104厘米，宽107厘米，是1945年董必武出席美国旧金山联合国制宪会议时身穿的大衣。

董必武，湖北黄安人，中共创始人之一。抗战时期任中共驻武汉和重庆的代表、《新华日报》董事会董事、国民参政会参政员和驻会代表。1939年1月起任中共中央南方局常委，并先后兼任南方局统一战线工作委员会书记和宣传部长，是抗战期间驻渝时间最长的南方局领导人。1945年4月，董必武以中国解放区代表身份参加中国政府代表团，出席了在美国旧金山召开的联合国制宪会议。同年12月，任中共重庆局书记，

并为中共出席政协会议代表团代表。中华人民共和国成立后，历任政务院副总理，最高人民法院院长，中华人民共和国代主席，中共中央政治局委员、常委等职。

董必武出席联合会制宪会议时穿的棕色长呢大衣

1945年，抗战胜利前夕，苏、美、英、中发起成立联合国，并决定是年4月25日召开联合国制宪大会。美国驻华使馆的外交官员在写给美国国务院的备忘录中，也承认"中国共产党已成为最活跃的力量"。但国民党当局想一手包办出席联合国制宪大会的中国代表团成员，这是中国共产党和各民主党派所不能接受的。1945年2月18日，周恩来代表中共中央致电"调停"国共关系的美国驻华大使赫尔利，强调指出："决不能仅由国民党政府的代表参加会议"，"设若国民党独占代表名额，将不仅为不公平与不合理，并将表示他们的见地是要分裂中国"。经过多次交涉，加上美国总统罗斯福施加影响，国民党当局才不得不允许中国共产党和解放区军民派1人作为中国代表团正式代表。中共中央经过周密研究，决定派董必武赴旧金山参加制宪会议。

1945年4月25日至6月26日，联合国制宪会议在美国旧金山召开。董必武受中共中央委派，代表中国共产党和解放区与国民党及其他民主党派人士共同组成中国代表团出席这次会议，讨论和制订联合国宪章，并于6月26日，与参加会议的50个国家代表一道，在《联合国宪章》上签字，同年11月回国。这是中国共产党人第一次以公开身份出现在国际政治舞台上，并赢得了世界的认可。这件双排扣的棕色长呢大衣，就是1945年董必武临行前在重庆特别赶制的，是中国共产党登上国际政治舞台这一历史重大事件的见证物。董必武非常珍爱它，每每穿后都小心翼翼清洗后叠好保存。这件毛呢大衣先后伴随董必武三十载，历经抗日战争时期、解放战争时期以及新中国成立和建设等众多重要历史时期。1947年3月，国共和谈破裂撤返延安时，他正是穿着这件大衣，腰缠党的经费数十两黄金，从南京顺利回到延安。

1975年董必武逝世后，其妻子何莲芝于1976年将这件大衣捐赠给红岩革命纪念馆，1995年这件大衣被评为国家一级文物。

七、周恩来给范元甄的信

这件文物的年代为1941年，质地为纸质，长27.8厘米、宽20.7厘米，从左至右钢笔横书，共二页，计428字，并附有周恩来签名的个人照片。

此件文物涉及两位人物：其一是寄信者周恩来（1898—1976），原籍浙江绍兴，生于江苏淮安，中国共产党、中国人民解放军、中华人民共和国的缔造者之一。抗日战争爆发后，作为中共中央的代表到国民党统治区中心同国民党当局谈判，开展抗日民族统一战线工作。1938年底，周恩来以中共代表、国民政府军事委员会政治部副部长身份抵达重庆，次年1月任中共中央南方局书记。1945年12月率领中共代表团出席在重庆召开的政治协商会议。全民族抗日战争时期，周恩来大多数时间在重庆领导中国南部国民党统治区、港澳及海外地区中共党组织的工作，在统一战线、党的建设和武装斗争等方面做了大量工作，团结了大量的朋友，为中国共产党赢得了人心。

其二是收信者范元甄（1921—2008），女，汉族，湖北省武汉市人，1934年参加革命，1937年8月加入中国共产党，先后在《新华日报》《解放日报》《冀热辽日报》《西满日报》及《解放报》工作。中华人民共和国成立后历任湖南省工业厅主任秘书、航空工业总局特设处处长、航空工业部科技局顾问等职。收到此

周恩来给范元甄的信

信时她正好在延安马列学院学习。

1940年8月，范元甄回延安马列学院学习，曾写信与周恩来、邓颖超。周恩来在重庆得信后即回信一封，并附上自己的一张小照片。

写作此信的同一时期（1941年1月），震惊中外的"皖南事变"发生了。事变发生后，国民党封锁消息，颠倒黑白，掩盖事实真相。1月17日，蒋介石公然宣布新四军为"叛军"，取消其番号，并将叶挺交军事法庭审判。周恩来得知这一消息，悲愤万分，立即向国民党当局提出强烈抗议，愤怒地质问何应钦："你们的行为使亲者痛，仇者快！你们做了日寇想做而做不到的事，你何应钦是中华民族的千古罪人！"并挥毫为《新华日报》写下了"为江南死国难者志哀""千古奇冤，江南一叶，同室操戈，相煎何急！?"的题词，填补《新华日报》被扣检后社论的空版，揭露事件真相。

这封书信，正是在这种特殊背景下写的。周恩来婉拒党中央撤回延安的要求，带领同志们坚守阵地，以不变应万变。同时委托叶剑英将这封书信由重庆带往延安，将重庆"三岩"——红岩嘴、曾家岩、虎头岩（化龙桥）的同志们坚持斗争、积极工作、笑对难关的情景告诉远在延安学习的范元甄，以勉励她努力工作、继续革命。

信的主要内容如下：

元甄同志：

乘参谋长飞回之便，我写几句话问问你好。你现在当能想像我们在此地的忙碌、紧张和愤慨的情形。但是我们大家并不以此为烦恼。整个红岩嘴、曾家岩以及化龙桥——都是你曾经到过住过的地方的同志都团结得像一个人一样，手携手地肩并肩地一道奋斗，一道工作。有些人正在无言地走向各方，有些人正在准备坚持到底。紧张而又镇静，繁忙而又愉快的生活。两年来在重庆，这还是第一次体验。

光荣的，是党给这次机会来考验我们自己。在被考验中，这一代的男女青年，是毫不退缩地站在自己的岗位上，走在统一战线的最前线。

我和颖超常常提到你、想起你，觉得假使"小范"在此，也许会给我们以更多的鼓励、更多的安慰、更多的骄傲。元甄！对么？我相信你的血也在沸腾，你的心也跳跃起来了。不要急，伟大的时代长得很。学好了，奋斗的日子、试验的机会多得很，你决不是一个落后者。

夜深了，想想你的活泼的神气，写几句鼓励青年好友的话，也许正对我是一种快乐。而这种快乐我和颖超常常引为无上荣幸的。

握你的手。

周恩来

二月一日

中华人民共和国成立后，此信由范元甄捐赠给重庆红岩革命历史博物馆，现为国家一级文物。

八、《棉花街壁报》

《棉花街壁报》诞生于1939年的重庆，它是以手绘的形式将抗战形势等信息书写、绘制在胶板绘图纸上，张贴于重庆人口密集的棉花街，向重庆市民宣传抗日救国思想。由于战乱时局不定，《棉花街壁报》无固定的出版时间，一旦资料齐备编排完成即进行张贴，现存较完整的《棉花街壁报》共为五期。《棉花街壁报》每期的大小尺寸也不尽相等，矩形，长在52.3

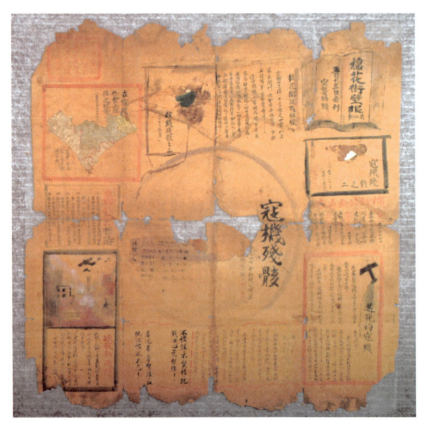

《棉花街壁报》第四期

厘米至79.1厘米之间，宽在71.1厘米至109.3厘米之间。壁报内容以毛笔写就，文字方向纵横不一，配以手绘战略形势图、时事漫画、木刻画等，有的直接绘于壁报之上，也有通过裁剪粘贴于上。

《棉花街壁报》在第二期对壁报名称以及办报由来予以说明。"壁报是推进政治教育的好工具，是真正的民众喉舌，可是许多报的内容太一般化了，并不能切实的反映一个地方或一条街的状况。所以本壁报就是想走这条路——充分的反映本街上的日常生活……"。这"一条街"指的正是棉花街。棉花街为解放前重庆市中区的一条街道，"棉花生意在过去极盛的时候，棉花街满街的棉花，所谓'千厮门花包子背出背进'就可见当时的盛况了"。正因棉花街如此热闹，人员密集，选择作为壁报张贴的地点再合适不过。因《棉花街壁报》文字通俗易懂，多以贴近重庆当地老百姓生

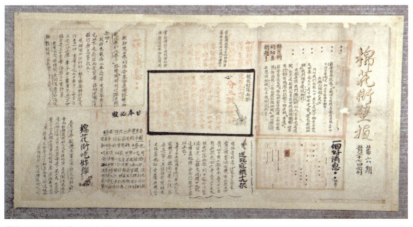

《棉花街壁报》第六期

活的方式宣传抗日救国思想，受到了周边居民的关注，群众反响热烈。

《棉花街壁报》以文字消息、战略形势图、漫画、插画的形式全面地宣传抗战，将抗战救国思想的火种在棉花街这条重庆的热闹小街上播撒。尤其是"五三""五四"大轰炸之后，刊登了袭渝日机数量、被击落数量以及被击落敌机的详细信息，这是目前留存下来的具有非常重要历史价值的对于1939年日军在重庆进行无差别轰炸的真实记录。壁报号召市民们要有秩序地疏散，往乡村疏散，继续开展商业活动建设家乡，要在抗战中越挫越勇，有策略地开展斗争。

《棉花街壁报》的出现是当时重庆宣传抗日救亡运动的一个生动体现。自抗战爆发以后国民政府西迁，重庆成为中国抗战时期的政治、经济、文化中心，各党派、团体的核心或重要机构先后迁至这里，全国优秀人才在此汇集，各种抗日救亡思想在此处激烈迸发。重庆救国会在这一时期通过学习会、读书会，把要求进步的青年秘密组织起来，形成抗日救亡运动的核心力量，推动群众性的救亡运动逐渐兴起。20世纪30年代末，重庆抗日救亡运动进入高潮，职业青年互助会通过救亡歌曲、演讲、标语、壁报、街头剧等形式，宣传抗日救亡的迫切性，《棉花街壁报》因此应运而生。

当时编辑、张贴《棉花街壁报》的工作落在了时年22岁的职业青年互助会成员李荣模身上。李荣模党内姓名尹穆，重庆江北县人，1938年加入中国共产党。他以棉花街商人的身份为党做经济、掩护工作。他白天经商、搜集壁报资料素材，晚上负责编排，清晨借买菜之机迅速张贴，还经常抽空调查看报人数，为办好这一份壁报付出了相当多的心血和时间。每期壁报在棉花街张贴一段时间后，李荣模就将其取下保存。这些珍贵的壁报一直被李荣模收藏在江北县黑石子的一间旧房内，1978年李荣模病逝，1980年李荣模的妻子焦景秀将这批文物捐赠给红岩革命纪念馆。

九、江竹筠写给表弟谭竹安的家书

江竹筠1948年3月19日写给表弟谭竹安的家书（第1页）

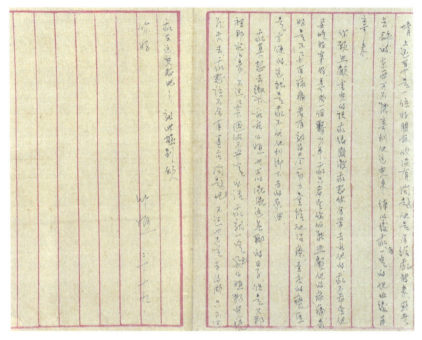

江竹筠1948年3月19日写给表弟谭竹安的家书（第2页）

　　这件文物的年代为1948年，纵27厘米，横18.8厘米，共2页、651字。质地为纸质，钢笔竖排书写，纸张颜色陈旧，有轻微的破损。这是1948年3月19日，中共党员江竹筠写给表弟谭竹安的家信。现为国家一级文物，收藏于重庆红岩革命历史博物馆。

　　江竹筠（1920—1949），女，四川自贡人。1920出生在四川自贡一个小镇上，从小家境贫寒。江竹筠8岁时，性格刚强的母亲与游手好闲的父亲不能相处，便带着江竹筠姐弟到重庆投奔兄弟。1939年江竹筠加入中国共产党，曾任中共重庆新市区区委委员等职。人们习惯称她"江姐"，以表敬爱之情。

1932年通过舅舅的关系，姐弟俩进入一所孤儿院读小学。在学校，江竹筠学习优秀，一年之中连跳三级，让老师和同学对她刮目相看。1936年，江竹筠考入重庆南岸中学，每期都获奖学金，还获得最高奖——银盾奖。1937年全面抗战爆发后，江竹筠积极热情地投入抗日救亡运动，办壁报、演戏、做宣传。1938年底，她考入中国公学附属中学读高中，次年秘密加入中国共产党。1940年她又考入中华职业学校会计班，任该校党组织负责人。1941年从会计班毕业后，任地下党重庆市新市区区委委员，并在宋庆龄、邓颖超领导的重庆妇女慰劳总会工作，负责单线联系高校党员和新市区的女党员。1944年考入四川大学农学院植物病虫害系学习，她根据周恩来同志领导的南方局的指示，并以学生身份做群众工作。常和学生运动的骨干、领导一起研究和总结斗争经验。1945年，江竹筠与彭咏梧结婚，后留在重庆协助彭咏梧工作。从那时起，同志们都亲切地称她江姐。1946年，江竹筠回到重庆，参加和领导学生运动。1947年夏，彭咏梧任中共川东临委委员兼下川东地工委副书记，江姐以川东临委及下川东地工委联络员的身份随丈夫一起奔赴武装斗争第一线。

1948年春节前夕，彭咏梧在组织武装暴动时不幸牺牲，头颅被敌人割下挂在城门上示众。江姐强忍悲痛，毅然坚持在丈夫工作过的地方开展斗争。她对党组织说："这条线的关系只有我熟悉，别人代替有困难，我应该在老彭倒下的地方继续战斗。"同年6月14日，由于叛徒出卖，江姐不幸被捕，被关押在重庆渣滓洞监狱。国民党军统特务用尽各种酷刑，老虎凳、辣椒水、吊索、带刺的钢鞭、撬杠、电刑等，急欲从这个年轻的女共产党员身上打开缺口，破获领导川东暴动的党组织和中共重庆地下党组织。面对敌人惨无人道的酷刑摧残和死亡威胁，江姐始终坚贞不屈，"毒刑拷打，那是太小的考验。竹签子是竹子做的，共产党员的意志是钢铁！"

在阴森恐怖的渣滓洞监狱里，江姐给表弟谭竹安写下了这封家信。1949年10月，同室难友曾紫霞将被释放，江姐将这最后一封信托曾紫霞带出，交给了当时在《大公报》任职的表弟谭竹安。信中表达了江姐对革命即将取得胜利的憧憬、对亲人的无限思念、对子女的严格要求和殷切期望，体现了共产党员虽然身陷囹圄，但对共产主义事业仍充满必胜的信心。1949年11月14日，江竹筠壮烈牺牲于中美合作所集中营内的电台岚垭，年仅29岁。这封信一直由谭竹安保存，后被捐赠给重庆歌乐山烈士陵园。

十、宋绮云烈士的图章

这件文物是宋绮云烈士1930年担任西北文化社社长时使用的图章。宋绮云（1904—1949），原名宋元培，字复真，江苏邳县（今徐州邳州）人，妻子徐林侠、儿子宋振中（小萝卜头），均是红岩英烈。1926年11月宋绮云考入中央军事政治学校武汉分校（黄埔军校第六期），1927年加入中国共产党。大革命失败后，宋绮云被派往南京从事党的地下工作。1928年春受党指派返回邳县，先后任中共邳县特别支部组织干事、中共邳县县委委员和书记。1929年为逃避反动派的追捕转移到北京，并改名字为宋绮云。12月，经党组织安排，宋绮云到河南南阳的杨虎城部队，担任《宛南日报》总编辑。1931年夏，被任命为十七路军机关报《西北文化日报》副社长兼总编辑。从1931年主持《西北文化日报》到1937年抗战前夕离开该报，宋绮云根据党的指示把这个报纸办成了一张在大西北有影响的报纸，成为打击反动派的有力武器。与此同时，他还根据党中央和中央军委的指示，开展了兵运工作。最突出的事例是，他通过秘密活动促成了西北军与川陕苏区红四方面军谈判，达成了互不侵犯的谅解，为川陕革命根据地开辟了一条经过汉中、西安通向全国的红色交通线，为川陕革命根据地和红四方面军的巩固、发

宋绮云烈士的图章

展和壮大作出了重要贡献。在此期间，他还担任了中共西北特别支部委员、西北各界抗日救国联合会宣传部副部长，中共陕西省委委员，以及抗日联军临时西北军事委员会委员等职。

1935年10月，按党中央指示建立了中共西北特别支部，主要任务是做杨虎城将军和十七路军的工作，宋绮云任特支委员。西安事变前夕，宋绮云参加草拟张学良、杨虎城抗日救国八项主张等文件。事变发生后，宋绮云利用《西北文化日报》，全面介绍事变的起因、经过，积极评价事变的实质和意义，广泛宣传停止内战、一致抗日的主张。

西安事变后，宋绮云处境极为危险。他在赴延安学习后，回到西安坚持工作。1938年初，被党派往国共合作的河北省临时政府，任政治处副处长兼组织科长，负责与八路军总部的联络工作。1939年11月，党组织派宋绮云到晋西南中条山孙蔚如第四集团军总部任少将参议，兼总部干训班副教育长、政治教官。他利用合法身份继续从事统战工作。与国民党顽固派进行了艰苦而又特殊的斗争。

宋绮云于1941年9月回陕西探亲时被捕，后被关押于贵州息烽集中营。1946年7月与黄显声、罗世文、车耀先、谭沈明等72人一起被转押重庆渣滓洞看守所，之后又被转移到白公馆。1949年9月6日，宋绮云、徐林侠夫妇及未满9岁的幼子"小萝卜头"，在重庆松林坡被国民党军统特务残忍杀害。狱中8年，他们遭受了种种酷罚和折磨，但从未屈服，始终保持了共产党员的坚定信念和坚强意志，留下了"我决不能弯下腰，只有怕死才求饶；人生百年终一死，留得清白上九霄"的豪言壮语。

第三篇　彪炳史册的红岩精神

红岩精神是中国共产党和中华民族的宝贵精神财富，是抗日战争、解放战争时期，国统区共产党人对伟大建党精神的继承和弘扬。红岩精神孕育形成于以周恩来为书记的中共中央南方局的伟大斗争实践、毛泽东"弥天大勇"重庆谈判的伟大斗争实践以及共产党员在狱中的伟大斗争实践。对红岩精神的认识与理解，应坚持习近平总书记要求的"大历史观"和正确的党史观，从历史逻辑、实践逻辑、理论逻辑相结合去深刻认识和把握。

一、红岩精神产生的时代背景

从红岩精神孕育形成的20世纪40年代往前推100年，是中华民族遭受帝国主义蹂躏和中国半殖民地半封建社会的开端。从此之后，无数仁人志士抛头颅、洒热血，奋起反抗，探索救国救民的道路，但都以失败告终，历史的接力棒就这样传到了中国共产党人的手中。中国共产党自成立以来，始终坚守为中国人民谋幸福、为中华民族谋复兴的初心使命，团结带领全国各族人民经过百年不懈奋斗，战胜了各种艰难险阻，实现了中华民族从站起来、富起来到强起来的伟大飞跃，在这些伟大的革命实践中孕育和形成了伟大建党精神、井冈山精神、长征精神、遵义会议精神、延安精神、红岩精神、西柏坡精神、改革开放精神等中国共产党人革命精神，铸就了一部中华民族伟大复兴的奋斗史。红岩精神形成于这一历史方位的重要节点上。这一历史时期，中国处于全民抗战和解放战争时期，社会的主要矛盾先后表现为民族矛盾和阶级矛盾，前者关系到中华民族的独立，后者关系到人民的解放和民族的振兴。正是在这种形势下，中国共产党带领中国人民，在复杂险恶的社会环境和风云激荡的政治环境中，在风雨如磐的斗争岁月里，在伟大的革命实践中孕育和形成了以崇高思想境界、坚定理想信念、巨大人格力量、浩然革命正气为内涵的红岩精神。

1985年邓颖超同志首次提出了"红岩精神"。之后，江泽民、胡锦涛都对红岩精神发表了重要论述。习近平总书记先后多次讲到"红岩精神"，进一步强调了其时代意义，为新时代研究、阐释、弘扬红岩精神指明了方向。

二、红岩精神的文化基础和思想理论来源

红岩精神孕育于中华民族优秀传统文化和世界文明的交流互鉴。文明久远的历史长河，积淀传承的思

想精华，使中华民族在生生不息的前行历程中逐步形成了伟大的创造精神、奋斗精神、团结精神、梦想精神，这些都是红岩精神萌生与发展的深厚沃土。中共中央南方局在国民党统治区复杂险恶的斗争环境中，继承和弘扬了伟大的民族精神。同时，以周恩来为代表的老一辈无产阶级革命家曾走出国门，前往异国他乡，直接感受和学习国外先进思想文化成果，使他们能够用宽广的眼界和胸襟观察、把握世界发展局势，对红岩精神乃至中国革命实践和革命精神的孕育发挥了重要作用。

马克思主义是红岩精神的理论来源。中国共产党自成立之日起，就把马克思主义确立为自己的指导思想。在革命实践中培育形成了谱系化的革命精神。这些革命精神从孕育、形成到发展都离不开马克思主义的指导，其蕴含的核心要素都来源于马克思主义的理论观点。红岩精神是在全民族抗战时期和解放战争时期，中国共产党在国民党统治区伟大斗争实践中培育形成的革命精神，是马克思主义世界观、人生观、价值观同中国革命实践相结合的精神成果。红岩精神所体现的崇高思想境界来源于共产主义者追求人类解放的至高境界，坚定理想信念来源于共产主义者对理想信念的执着坚持，巨大人格力量来源于共产主义者对人格修养的不断完善，浩然革命正气来源于共产主义者对真理正义的矢志不渝。

毛泽东思想是红岩精神的思想指引。红岩精神的形成时期也是马克思主义中国化第一次飞跃的理论成果——毛泽东思想走向成熟的时期。这一时期，党中央和毛泽东一系列重要指示精神在中共中央南方局得到了坚定的、创造性的贯彻落实，引导和培育了伟大的红岩精神。特别是1945年党的七大把毛泽东思想确立为中国共产党的指导思想后，其政治思想、军事思想、统战思想、党建思想、外交思想等对国统区各级党组织的实践与斗争都起着重要的思想指引，也得到实践的充分检验，推动了红岩精神的进一步发展和成熟。

三、红岩精神形成的实践基础

以周恩来为书记的中共中央南方局的伟大斗争实践，是红岩精神形成的主要基础。伟大的革命实践产生伟大的革命精神，以周恩来为书记的中共中央南方局，战斗在红岩村、曾家岩、虎头岩（"红色三岩"），团结国统区和部分沦陷区的共产党人及人民群众，坚定地、创造性地贯彻执行党中央的路线方针政策和重大决策部署，创造了辉煌的业绩，使红岩成为中国共产党在国民党统治区的代表和象征。中共中央南方局的八年斗争实践，为巩固扩大抗日民族统一战线和人民民主统一战线做出了巨大贡献，为抗日战争和世界反法西斯战争的胜利以及新中国的建立立下了不朽功勋，这是红岩精神形成和孕育的主要实践基础。

毛泽东以弥天大勇赴重庆谈判的伟大斗争实践，丰富和发展了红岩精神的内涵。抗战胜利后，为了民族和人民的利益，毛泽东不顾个人安危，深入龙潭虎穴，进行了43天的重庆谈判。在红岩村，他亲自指挥上党战役，打退国民党的嚣张气焰和极限施压；他重书《沁园春·雪》，引起轰轰烈烈的文化论战，为中国共产党赢得民心。在特园，他与民主人士坦诚相待、民主协商，为新中国多党合作、政治协商制度奠定了坚实的政治基础。在桂园，他广会社会各界人士和国际友人，把人民民主统一战线推向了空前的深度和广度。毛泽东重庆谈判，充分展示了中共领袖的至高境界、巨大人格、宽广胸怀和弥天大勇，丰富和发展了红岩精神的内涵。

以许晓轩、罗世文、江竹筠、王朴、刘国鋕、陈然等为代表的广大党员在狱中的不屈斗争，是对红岩精神的传承和光大。关押在渣滓洞、白公馆监狱的共产党员，大多是在中共中央南方局的直接领导或培育中成长起来的，他们继承了老一辈革命家的崇高思想境界、坚定理想信念，为了民族独立、人民解放，在铁窗黑牢里坚贞不屈，在敌人屠刀下大义凛然，用鲜血与生命谱写了一曲曲波澜壮阔的正气之歌，继承、弘扬和光大了伟大的红岩精神。

四、红岩精神的时代价值

革命精神只有与时代脉搏对接，与时代主题结合，才能充满生机活力，展示其时代意义和当代价值。红岩精神时代价值应放在"世界处在百年未有之大变局"和"中华民族伟大复兴的战略全局"的历史背景中去认识和把握，应充分认识红岩精神在开展意识形态斗争、社会主义核心价值观培育、社会主义文化自信培育、青少年思想政治教育、党员干部党性教育中的重大作用。

红岩精神是开展意识形态斗争的有力支撑。世界正处于百年未有之大变局，全球面临的不稳定性不确定性日益突出，在中华民族伟大复兴的道路上，不可避免地会遇到各种风险挑战。习近平总书记强调："中华民族伟大复兴，绝不是轻轻松松、敲锣打鼓就能实现的。"党的十八大以来，以习近平同志为核心的党中央坚定推进具有许多新的历史特点的伟大斗争，一个标志性成果就是坚决打赢意识形态领域的重大政治斗争。但也要清醒地认识到，意识形态领域总体平稳但并不平静，仍然面临着诸多挑战。从外部环境看，国际敌对势力把我国快速发展视为对西方价值观念和制度模式的威胁，围绕中美贸易战、宗教自由、人权等问题不断向我施压，加紧对我进行意识形态渗透。从国内情况看，当前我国正处在快速发展期、社会转型期、改革攻坚期，各种错误思想观点不时出现，社会主流价值观念不断遭受侵蚀。从党内情况看，党内仍然存在思想不纯的问题，一些人理想信念不坚定，一些腐朽落后的思想文化沉渣泛起。国家的长治久安与社会的安定和谐，都对社会主义意识形态建设的守正创新提出了新要求。在长期革命、建设和改革的实践中，中国共产党形成了自己的红色文化，这是我们党非常宝贵的传家宝。当前开展意识形态的斗争，更要弘扬红色文化、传承革命精神。伟大建党精神、井冈山精神、长征精神、延安精神、抗战精神、红岩精神等中国革命精神，都是中国共产党和中华民族的宝贵精神财富，是当前开展意识形态斗争、争夺意识形态话语权的有力武器，在新时代弘扬传承革命精神具有重要的价值意义。

红岩精神是培育社会主义核心价值观的红色阵地。党的十八大提出"积极培育和践行社会主义核心价值观"的时代命题，为实现中华民族伟大复兴的中国梦凝魂聚气。培育和践行社会主义核心价值观是一项庞大的系统工程，应从中华优秀传统文化和革命文化中汲取力量。红岩精神是中国共产党人铸就的伟大革命精神，是中华优秀传统文化的时代升华，是积淀成为社会主义核心价值观的文化基因。正是在以红岩精神为代表的革命精神砥砺下，中国共产党团结带领全国各族人民，经过社会主义革命、建设、改革的持续奋斗，才凝聚成社会主义核心价值观这一全社会共同的思想文化基础。纵观历史和现实，红岩精神是社会主义核心价值观的思想渊源之一，社会主义核心价值观充分彰显了红岩精神的价值旨归，社会主义核心价值观是对红岩精神的继承。在培育和践行社会主义核心价值观中，红岩精神具有增强具象感、提升认同感、激发践行感等重要作用，是培育社会主义核心价值观的红色阵地。

红岩精神是培育文化自信的精神支撑。文化自信的核心是价值观自信，正是在马克思主义的指导下，在共产主义理想信念的指引下，中国人民找回了民族自信和文化自信。红岩精神之所以能成为中华民族的宝贵精神财富，就在于它植根于历史传统并符合时代要求，充分汲取中华优秀传统文化基因；红岩精神背后有着更为深层的蕴涵，它是在抗日战争和解放战争这个中华民族由衰败走向振兴的伟大历史转折阶段，以周恩来为代表的中国共产党人在国统区复杂艰难环境下开展革命斗争实践所形成的革命文化。贯穿红岩精神始终的是先进中国共产党人的价值观念与价值选择。红岩精神彰显着坚定的理想信念、为民的根本宗旨、坚毅的奋斗品格、崇高的革命气节等革命文化特质，是中国共产党人精神风范中最基本、最本质的东西，是革命文化的精神内核和思想基础，彰显中国革命文化特质。红岩精神作为中国共产党人结合当时历史条件和社会实际，创造性地坚持马克思主义的伟大创举，体现出对未来社会的无比向往，对事业发展的不懈探索，对崇高理想的坚定追求等。这些都与社会主义先进文化承载的精神追求、体现的价值标准相连相通。可以说，红岩精神是社会主义先进文化在当时历史条件下的生动体现，富含社会主义先进文化品格，是文化自信的不竭源泉，能够为文化自信提供丰厚养分。

红岩精神是加强青少年思想政治教育的红色基因。当前，国际国内经济、政治多重深刻变化，意识形态斗争的严峻形势，都对青少年思想政治教育带来全新的挑战。红岩精神中既包含理论知识、具象的英雄事迹，红岩革命遗址中还有可以用于实践学习的教育基地，是青少年理想信念教育的有力支撑和补充。红岩精神是培养青少年坚定信念、追求真理的红色沃土，是培养青少年家国情怀、正心修德的"心灵鸡汤"，是培养青少年顽强拼搏、团结奋斗的力量源泉，为新时代加强青少年思想道德建设提供了教育素材。应按照知、情、意、行的教育规律，让青少年在学习红岩精神中自觉接受爱国主义教育和革命传统教育，更好地传承红色基因，厚植爱国情怀，争做时代新人。

红岩精神是加强党的建设的"红色钙片"。共产主义的实现是一个漫长的过程，在当今这个复杂的社会环境中，国际敌对势力时刻不忘对社会主义政权的渗透、颠覆，面对复杂的国际环境，我们的一些党员干部的理想信念发生了动摇，为人民服务的意识开始淡化、理想信念开始缺失、错位，而面对"四个危险""四个考验"，更加需要坚定理想信念，牢记初心和使命。习近平总书记强调，共产党人要补足精神之"钙"。红岩精神富含着独特的党性教育资源，是新时代加强党员干部党性修养的深厚滋养，是加强党员干部政德培育的精神家园，是开展党史学习教育的生动课堂。我们要让红岩精神融入党员干部理想信念教育、党性教育，唤醒共产党人的初心和使命，使其树立共产主义远大理想及中国特色社会主义共同理想。我们将红岩精神中蕴含的崇高理想信念及革命精神等化为党员干部的内在动力，让红岩精神成为党员干部抵御外部诱惑的坚强力量及更好为人民服务的动力和源泉。为此，我们要深入学习贯彻落实习近平总书记视察重庆重要讲话精神，用好红色资源，建好用好重庆红岩干部学院，大力弘扬红岩精神，让广大党员干部在红岩精神中汲取精神滋养，坚守初心使命，坚定理想信仰，增强斗争本领，养成浩然正气，为实现中华民族伟大复兴的中国梦而努力奋斗。

附：红岩景区其他史迹

一、国民参政会旧址

国民参政会是抗日战争时期由国民政府建立的，包括中国国民党、中国共产党及其他抗日党派和无党派人士代表在内的全国最高咨询机关，自1938年7月成立至1948年3月结束，总共开过4届13次会议。1941年11月17日，中华民国国民参政会第二届第二次会议在重庆召开。国民参政会原本在中华路168号设立有办公地点，当八路军驻重庆办事处在化龙桥红岩嘴大有农场落成办公楼后，国民参政会接着也在这里修

国民参政会旧址

建郊区办公用房。此处名义上属国民参政会，实则住有国民党特务，特务全天24小时监视中共中央南方局和八路军驻重庆办事处工作人员的活动，并监听南方局电台的电讯。

抗战胜利后，国民参政会迁往南京，后来，该建筑由大有农场主人饶国模借给育才学校使用。中华人民共和国成立后，1950年7月1日，正值建党节，饶国模正式将红岩村的土地房屋全部无偿地捐给人民政府，此楼后来曾作为西南革命大学教师宿舍，现归红岩革命历史博物馆管理。

二、国民政府外事处旧址（马歇尔公馆）

马歇尔公馆位于渝中区红岩村52号红岩革命纪念馆内，建于20世纪30—40年代，原为国民政府外事宣

红岩村马歇尔公馆

传机构用房。1945年12月，美国总统杜鲁门的特使马歇尔来重庆时，国民政府曾准备将此处提供给他办公和住宿，故俗称"马歇尔公馆"。该公馆为一栋砖木混合结构的两层建筑，折中主义建筑风格，组合式坡屋顶，小青瓦覆顶，外墙青砖勾缝。建筑由两座二层小楼组成，以一层走廊相连接，平面呈"凹"字形。

三、国民党宪兵楼

宪兵楼是一座二层小木楼，位于红岩革命纪念馆内，当年曾是国民党重庆宪兵第三团在红岩嘴地区的一个值勤据点。它是八路军驻重庆办事处迁入红岩嘴大有农场后由国民党重庆宪兵司令部在这里设立的，

国民党宪兵楼

名为保护办事处的安全，实际上则是用于对进出办事处的人员进行暗中监视和跟踪。抗战期间，国民党及其政府虽然允许八路军办事处在重庆的设立和存在，但是他们时时处处都在监视八路军重庆办事处，在红岩村四周，安排了许多密探和哨卡，这栋小楼，就是这段历史的见证。

四、宋子文公馆

宋子文公馆位于重庆市渝中区红岩村八路军办事处旧址的重点文物保护范围内，面积1000多平方米，修建于上世纪30年代。公馆的主体建筑原名绿院，是一座四面围合的建筑，呈哥特式风格，内置天井，设计得非常独特，石膏线脚、吊顶纹饰精美，还有取暖

宋子文公馆

用的壁炉。抗战期间，周恩来、董必武等南方局领导
人曾多次前往这里，与宋子文交换对抗战时局的看法
和改组国民政府、建立联合政府的意见。为此，将此
建筑列入统一战线史迹。

五、梅园

梅园地处重庆市沙坪坝区歌乐山下的钟家山，是
国民党军统局副局长戴笠为时任中美特种技术合作所
（以下简称中美合作所）副主任梅乐斯修建的别墅。
1943年中美合作所成立，大批美方人员来华。由于钟
家山背靠歌乐山，既便于防空保密，又与军统杨家山
乡下办事处联系方便，因此中美合作所选择在钟家山
一带修建美方人员的办公房屋、宿舍、仓库、饭厅

梅园旧址

等；又专门为梅乐斯修建此别墅，并在房子四周遍种梅花，将此别墅取名为"梅园"。梅园占地三百多平方米，砖木结构，内部完全仿照西式布局，设有跳舞厅、面包房、壁炉等。梅园自1945年春始建，落成之际，抗战已近胜利，梅乐斯遂往华东华南巡视，9月返渝后即回美国，故梅乐斯并未在此居住过。

六、中美特种技术合作所气象总台旧址

中美特种技术合作所气象总台旧址位于重庆市沙坪坝区重庆歌乐山革命纪念馆辖区内。中美特种技术合作所成立后，为了给美国海军部收集太平洋地区特别是中国沿海地区的水文、气象等资料，中美合作所除在中国沿海及内陆地区设立气象台（站）、通讯电台外，还在重庆中美合作所总部建立气象总台，将各地

中美合作所气象台

收集的气象情报集中进行研究后，通过电台传往美国，为美国军方制定作战计划提供参考。

七、中美特种技术合作所狼犬室旧址

中美特种技术合作所狼犬室旧址位于重庆市沙坪坝区重庆歌乐山革命纪念馆辖区内壮志路与童歌路交接处东北方向100米处。1944年，国民党方面与美方就中美特种技术合作所签订第二次合同，主要内容就是实施特种警察训练计划，决定在重庆成立特种警察人员训练班，培训刑事警察干部，狼犬训练是其中的内容之一。大批狼犬从美国运来，为解决这些狼犬的训养，戴笠电召军统局工程处少将处长兼中美特种技术合作所总务组代理组长沈靓康，到重庆督修狼犬室。狼犬室有犬舍25间，屋外是放养狼犬的驯养场。

中美特种技术合作所狼犬室旧址